GUSTAVO A. CASTAÑEDA

EL COMBATE DE EL OBRAJUELO (1845)

ERANDIQUE

COLECCIÓN

EL COMBATE DE EL OBRAJUELO
GUSTAVO A. CASTAÑEDA

©Colección Erandique
Supervisión Editorial: Óscar Flores López
Diseño de portada: Andrea Rodríguez
Administración: Tesla Rodas—Jessica Cordero
Director Ejecutivo: José Azcona Bocock
Segunda Edición
Tegucigalpa, Honduras—enero de 2025

UNA BATALLA HISTÓRICA

Este es el segundo libro de Gustavo A. Castañeda que publicamos en Colección Erandique. El primero fue El Congreso de 1924, donde trata la crisis política que originó la peor guerra civil en la historia de Honduras.

Fiel a su estilo, Castañeda, que fue miembro destacado del Partido Nacional, demuestra en La Batalla del Obrajuelo sus opiniones conservadoras.

Al único político de ideas liberales que respeta es al general Francisco Morazán. De allí, ni siquiera el José Trinidad Cabañas se salva de su crítica punzante.

El 15 de agosto de 1845, José Santos Guardiola, un furioso opositor de la Federación de Centroamérica, es derrotado por tropas salvadoreñas en la batalla de El Obrajuelo, una hacienda ubicada en San Miguel, El Salvador.

A pesar de que El Obrajuelo ha sido definido como una derrota para Guardiola y Honduras, Castañeda lo califica como un triunfo a medias para El Salvador.

"Todo ello indica que, muy a pesar del triunfo, las tropas salvadoreñas no quedaron bien paradas; y es lógico creerlo, puesto que en dos veces estuvieron derrotadas en sus propias posiciones", escribe.

Eran poco menos de las cuatro y media de la tarde cuando cesaron los fuegos de los hondureños: habían combatido como tigres más de tres horas y una sorpresa les impedía la victoria, que les habría quizá dado el esfuerzo supremo en el último instante por la ventaja de la posición —agrega Castañeda.

El autor va más allá cuando sostiene que "El Obrajuelo no fue victoria salvadoreña, apenas triunfó: Guardiola quedó tácticamente intacto, tanto que con ligero resuello y reequipo en el pueblo de Goascorán, pudo volver a la carga desembarcando en el puerto de la Unión, el 26 del mismo agosto, y derrotar al General Carvallo al día siguiente, 27".

En otra parte del relato narra: "Retroceden, acosados ahora, los hondureños ante la fuerza y arrojo del contraataque de sorpresa; y cuando van a recular, dominados y peleando, se presenta el General Guardiola en alto blandiendo el sable. A gritos de aliento y denuestos de rabiosa impotencia, logra galvanizar la tropa, que se contenga y que empeñe la nueva acción de la desesperación: esta acción fue más débil, no otra cosa que defensiva floja por imperio del respeto y subordinación al jefe presente".

Se entiende la postura de Castañeda. A sus ideas conservadoras se le agrega su nacionalismo.

Lo que no podemos obviar es que en esa invasión de Honduras a El Salvador quedó demostrada una vez más la capacidad estratégica, la valentía y la temeridad del general José Santos Guardiola.

Su ejército, a pesar de estar en inferioridad numérica, batalló con coraje, al punto de ganarse el respeto de sus enemigos.

Más allá del sesgo en muchas partes, el libro La Batalla del Obrajuelo nos traslada a lo que sucedió aquel viernes 15 de agosto. Castañeda detalla movimientos tácticos y narra los avances del combate hasta la derrota del ejército hondureño, y hace un repaso del origen del conflicto.

Muerto Morazán, Centroamérica se dividió en dos bandos que lucharon bravamente: unos por hacer realidad los sueño de la Federación; otros por aniquilar de una vez por todas a Los Coquimbos, como eran llamados los seguidores del paladín unionista.

Este libro huele a pólvora, pero también tiene ese airecito nostálgico de la historia.

Óscar Flores López
EDITOR COLECCIÓN ERANDIQUE

I

El amor a le propia tierra es
un sentimiento natural.
CUPERTINO DEL CAMPO.

1.—No se entendería, bajo ningún aspecto, la razón ni las consecuencias de aquel combate entre pueblos en verdad hermanos, si no se rastrea siquiera en el cercano pasado los motivos de este. Es criterio estúpidamente simplista atribuirlo, como hasta hoy, a la aparente oposición de ideologías de los dos bandos que en aquellos jiquilitales midieron su fe, más que sus armas, y sus caprichos, más que sus odios, aquella honda y estos artificiales. Las ideologías eran disfraz de apetitos.

2.— Honduras y El Salvador han sido dentro y fuera de la asesinada República de Centro América, los dos pueblos que mejor se han entendido y por ello mejor se han llevado en sus angustias y en sus esperanzas.

Los sobados asuntos de fronteras, que con otras vecinas tantos quebraderos de cabeza dieron a Honduras, con El Salvador no han pasado sino como lo que son: pleitos de herederos de predios contiguos no amojonados en su hora; y eso a pesar de existir materiales de combustión suficientes para cualquier desaguisado de no importa qué calibre.

3.—Ahora mismo, redondeada la personalidad internacional de las cinco repúblicas, la característica sigue siendo la del mismo entendimiento, buena vecindad y comprensión; salvo la lamentable excepción de un poderoso grupo, como señalaremos en este estudio en beneficio de ambos pueblos, sea que el desmembramiento se consolide o que —como muchos soñamos— volvamos a ser la República de Centro América que hoy, más que nunca, se impone a la conciencia, al esfuerzo, a la buena voluntad y al egoísta interés mismo de todos y cada uno de los que allá nacimos y allá esperamos morir.

El mismo futuro, oscuro a veces para tantos pueblos, es despejado para Honduras y El Salvador, su camino a recorrer es amplio si lo hacen en compañía.

Muy apenas se ha atravesado una ligera nubecilla en ese futuro sereno y claro. Intereses económicos, creados por y en beneficio de elementos no salvadoreños, pugnan por determinada presión sobre Honduras, pare cosecha de mayores lucros.

4. —Se impone, pues, que tomemos un poco aguas arriba nuestra historia, a fin de explicar lo que no está explicado y sí sólo explotado para halagar algunas vanidades colectivas y cosechar laureles mustios: nosotros queremos la verdad desnuda, que puede ya hallarse y decirse, en vísperas del centenario de aquel evento trascendental en su tiempo y en el futuro.

Diciendo esa verdad queremos servir a dos pueblos y a la patria de nuestros abuelos, y en esencial a nuestra vilipendiada Honduras que no pudo nunca defenderse, porque lo mismo que la llevó a El Obrajuelo la ha estado levando periódicamente a otros obrajuelos, en verdad desastrosos, la mayor parte de las veces por obra de sus propios hijos y otras no pocas por obra de intereses que no son los suyos.

II

Y fuiste por chiripa emancipada.
RIVERA MAESTRE.

1. —A medida que el tiempo transcurrió, y por ello el análisis llega y se impone más sereno, parece más nítido no haber sido tanta dicha que obtuviésemos en calma chicha la independencia; o mejor, la emancipación política de España.

El árbol de la libertad para que "libre crezca y fecundo" necesita, imperiosamente el abono de la sangre, no hay abono mejor ni sustituto verdadero; y cuando por azares de la suerte se economizó ese abono, el árbol declina y muere: o cobra más tarde o más temprano, como medicina o paliativo, aquella sangre que no se le dio en la hora propicia al desarrollo.

Cuántos traspiés nos costó el oportunismo de la independencia: Cuánta sangre hemos regado en el trayecto de nuestro viacrucis de nación: y quién sabe cuánta desdicha nos depara aún el camino a recorrer.

2. —Cuando alguien llamó noche a la época colonial, no anduvo tan errado en la adjetivación como para que merezca que le enmendemos totalmente la plana.

Mientras esa noche tendió su manto sobre nuestros países, no había ni cabía otra cosa que quietud, aún no siendo sueño: puede afirmarse que no fue vigilia porque muy poca cosa, y menos de trascendencia, tuvo la magia de robarnos el sueño.

No tuvimos lucha de principios, ni aun de aquellos elementales y naturales que pueden hacer carne en las multitudes de toda latitud: no podíamos tener esa lucha de principios en un territorio vasto y vacío que, por otra parte, ni las leyes ni las costumbres españolas permitían bajo la sombra de su bandera.

Los pocos espíritus avisados y despiertos se conformaban con acomodarse a la situación, puesto que nada pudieron otear en el horizonte que les permitiese desacomodo o rebeldía: las pocas peces que el instinto apuntó una posible realidad diferente y lejana en esos espíritus de excepción lo fueron de contrabando o a hurtadillas, sin compromiso ostensible.

Esa lucha que debió existir en alguna forma, como aliciente al menos de amor a la independencia que nos llegaba, no fue ni aun querella familiar, como en el Brasil la proclamación de la República.

No habiendo habido lucha de clase alguna, ni aun entre los elementos dirigentes de la Capital de la Capitanía General: no habiendo habido siquiera encuentros de aspiraciones en ningún sector de valía por el número, el acto único de tres escenas de la proclamación de la independencia, fue sólo un movimiento de miedo instintivo, a que se mezcló un momento de egoísmo de posiciones disfrutadas quietamente.

El pueblo, la muchedumbre para nada contó, como ya lo veremos. Asistió impasible en la capital a la representación de la loa, y en las Provincias se aceptó lo hecho con musulmán fatalismo por una inmensa mayoría.

3. —Claro es que hubo patriotas, faros preciosos en aquellas tinieblas; y con ánimo esforzado y no mezquino se sumaron a las tres conspiraciones todas locales en el fondo y en la forma que se

han enseñado y se quiere dar como antecedentes lógicos de la independencia: son, sin duda, antecedentes en la concatenación de los hechos que originaron nuestra vida libre.

¿Quiénes fueron los precursores? Curas de misa y olla en la quietud de sus celdas, frailes que aspiraban justamente a otras posiciones que creían merecer y a las cuales no podían llegar mientras imperase el sistema colonial de exclusión de criollos: las pocas, muy pocas excepciones en este sentido sólo confirman el hecho esbozado.

A pesar de ello, no puede seguirse sosteniendo seriamente que esas tres conspiraciones sean lógico antecedente de la independencia: fueron los conspiradores tan pocos, tan pobres sus vinculaciones aun en el estrecho radio de su acción, tan pobres los negativos resultados, que seguir sosteniendo aquella tesis respecto a las mencionadas conspiraciones, anodinas para el ideal y suicidas para sus elementos componentes, solo puede atribuirse a ironía o a chiste de mal gusto.

Más aún; y aun suponiendo propaganda en el Reino a los ideales que informaban las célebres conspiraciones, iban contra ellas, mejor dicho, habrían ido, las distancias enormes sin caminos, en un territorio grande y abrupto y virgen, y la falta de educación.

Aun hoy nuestro pueblo sólo concibe la libertad como carencia de todo yugo, aun el de la ley, que sólo acata por la sanción que lo contrario implica, ¿qué le podría decir un siglo y cuarto atrás esa palabra sin sentido claro, y que aun entendiéndola no podría tomarla sino como burla, en mérito de la experiencia de todos los días?

Esa falta de educación era el mayor obstáculo, que engendró la carencia de criterio político en las masas y en sus propios pseudo dirigentes; y como naturalísima consecuencia, esa carencia de criterio político engendró la indiferencia por la cosa pública, que nada decía para ellos.

Hubo, y habrá siempre, personas que el instinto o el apetito destacó, y así, de esa indiferencia popular por la cosa pública, brotaron como hongos las personalidades locales, los señores campanario, los caciques de pueblos y aldeas, que tampoco tuvieron criterio político, que suplieron con apetitos propios o de pandilla, y con quienes en adelante habría de contarse para los ajetreos de la verdadera política.

Si, pues, aquellas memorables conspiraciones no contaron con soldados, no tuvieron eco popular, no hicieron conciencia, ni siquiera levantaron un soplo fugaz de deseo o entusiasmo, ¿cuál era el antecedente lógico, el fundamento real del 15 de septiembre de 1821?

4. —La reunión del 14 fue sólo exhibición de desconcierto, ambición encontrada y miedo: miedo, sobre todo, a los ya vecinos acontecimientos que en Chiapas tocaban a las puertas de la patria.

Chiapas, nuestra Provincia robada en hora trágica de la nacionalidad, no esperó comadreos si no que actuó de inmediato: su comunicación de proclamación de independencia no habría alterado los nervios de los mandarines del Reino si no hubiese agregado el corolario de adhesión al Plan de Iguala, entrando así al torrente revolucionario mexicano.

El conductor ahora de la revolución de México era tan español como nuestro último Capitán General, Gral. don Gabino Gaínza, no cicatrizado de las heridas morales que le infligieron los insurgentes chilenos; y tenía el mayor aliciente aquel hecho de

servirle de ejemplo para una virada política en redondo, que le conservara el mando y la posición, asegurándole la continuidad de su carrera, más que sólo fuese para salvar el pescuezo amenazado por españoles y americanos.

Esa veleidad del hombre de la Corona, la incerteza de la suerte de la revolución mexicana, los intereses creados ya entre españoles criollos timoneros y la ninguna verdadera reacción popular, llevaron en un instante la duda a nuestro Sabio Valle, que no se

produjo contra la libertad como algunos han pretendido, sino que como buen piloto hizo ver las condiciones de la nave, el carácter de sus tripulantes y los escollos de la mar en que navegaban sin brújula ni timón.

Si hubiese triunfado Valle en su punto de vista, la independencia no habría nacido aristocrática y metropolitana, dirigida por una oligarquía centralista que hizo imposible el sistema federal en que nos empecinamos: si hubiese triunfado Valle, la emancipación habría llegado de las Provincias, más libres, sin muchos prejuicios, sin afán de dominación hasta ahí, y habrían barrido con escoba nueva hasta la última telaraña colonial, aristocrática y oligárquica del Palacio de los Capitanes Generales y de todas sus sucursales existentes y funcionantes.

Valle fue justo medio, sereno y ecuánime.

5. —En la reunión memorable del 15 no se dejaron oír más razones de peso que las de Valle, y en esencia las del arzobispo Casaus, dos corrientes eléctricas de signo contrario que, por excepción, no produjeron la chispa salvadora.

Esa reunión fue pleito de comadres, más o menos respetuosas, defendiendo sus sabrosos pucheros; y no podría ser de otra manera, cuando los concurrentes con voto decisivo eran todos funcionarios del Gobierno Español, con el cual se temía, no se quería romper porque se ignoraba la verdad de las revoluciones emancipadoras de América.

Esa ignorancia casi completa de los gloriosos hechos de la gesta de América, a causa de la falta de vinculación de ninguna clase entre las colonias, agregaba combustible a la hoguera de la incertidumbre, en cuanto a la actitud a adoptar en aquel momento supremo y decisivo.

Se pretendía dar treguas al instante y no se quiso romper del todo con España siguiéndose la táctica del castor: de ahí cierta reticencia en el Acta inmortal de aquel día también inmortal, que dejaba la decisión suprema a un futuro Congreso que por los mismos comadreos no se juntaría en época propicia para haber ejercido de parchero.

Es posible que, como réplica a nuestro sentir, se nos intente fulminar con las voces del Acta misma, que asevera estar ocupado el Palacio por el pueblo que pedía la independencia y la vivaba sin cesar y entusiastamente: tal como en la emisión del voto público la mesnada repetía un nombre, sin vacilar, como efecto de discernimiento para quien no conoció las tramoyas que a ello condujeron cuando tal voto tuvimos.

Después del fracaso de la sesión del 14 de septiembre, los verdaderos patriotas se esforzaron en insuflar en el pueblo indiferente siquiera un entusiasmo o convicción del momento, que en el mismo sirviese de explosivo; y se aliaron en la noche tres elementos irresistibles para el logro de tal propósito.

Fueron esos tres elementos: la mujer, en la persona de la noble y distinguida matrona doña María Dolores Bedoya de Molina: la elocuencia arrebatadora, por la boca del tribuno don José Francisco Barrundia; y la insuperable y vencedora chicha. Sin ésta, abundante y bien explotada, de nada habrían valido el verbo fulgurante ni la belleza codiciada.

Bajo el influjo interrupto de tan poderosa artillería, la muchedumbre hizo lo que el Acta estampó: invadió el 15, corredores, antesala, galerías del Palacio de los Capitanes Generales y pidió a gritos la independencia: esos gritos espantaron al arzobispo Casaus y comparsas, y amainaron en su oposición, llamándose a prudente silencio, que años más tarde explotó en revueltas y conspiraciones en que aquella muchedumbre los acompañó, con Carrera principalmente.

Esa multitud, esa muchedumbre, ese pueblo no supo ni lo que había hecho ni lo que había resultado: vio el mismo escenario después, con los mismos actores representando el mismo sainete. Ni tuvo conciencia del acto ni las consecuencias de este lo llamaron a reflexión porque no tenía base.

Quien conozca la plebe de la ciudad de Guatemala, y más la del barrio de Guarda Viejo y sus aledaños, podrá comprender mejor que nadie aquel fenómeno popular, que ni fue único ni morirá nunca el motor intrínseco que lo produce. La escuela nada hizo y poco hace, si se mide la enormidad del problema.

Los dos periódicos que en aquella época hablaban el lenguaje del patriotismo y de la libertad, no podían llegar a la masa, ni material ni espiritualmente; y aun llegando en lo material, nada podían hacer porque no sabía leer, como en su grandísima mayoría tampoco sabe hoy. Los mismos excepcionales seres que supiesen leer sacaban el mismo fruto, pues se escribía en un lenguaje que para ese pueblo era sánscrito.

No habiendo, pues, habido conciencia del hecho ni criterio político para proceder a su ejecución, ¿qué podía esperarse de aquella masa amorfa, analfabeta, supersticiosa y voluble? Únicamente lo que resultó: un acto de imposición del instinto, un acto anodino en esencia.

Compruébese con la actitud que esa plebe, que ese pueblo observó después de la memorable sesión de la mañana del 15 de septiembre: desaparecido el incentivo, en forma de chicha y empujadores ocasionales, vuelve a la indiferencia hierática de sus ídolos. El pueblo de la capital colonial siguió el mismo vaivén anodino en la capital de la nueva nación. No tenía culpa alguna.

6. —No por conciencia o algo que se le parezca, ni por tener el criterio político que hemos negado, el auspicioso suceso conmovió a las Provincias del exreino, como el despertar de una catalepsia: era el instinto el que hablaba, el sentimiento provinciano que se alegraba pensando en que no más tendrían que ver con los señores de Guatemala. En quien menos se pensó fue en España.

Parece una explicación simplista, y en su texto lo es indudablemente. Abarca, no obstante, cuanta explicación se pida, sin que en ninguna interviniera el odio o la aversión: éstas llegaron más tarde y, en verdad, sólo entre Guatemala y El Salvador por obra de un salvadoreño al servicio de las trapacerías de la oligarquía guatemalteca.

La jura de la independencia en esas Provincias es la mejor prueba de que nada entendían nuestros sencillos pueblos impreparados, aun cuando presintiesen algún bien. Véase que esa jura no se efectuó al mismo diapasón ni al mismo efecto, como era lógico abarcó en la externa manifestación repulsa o deseo de un nuevo amo, siempre que no fuese guatemalteco; y en esa disparidad tampoco militaron prédicas o razones, sino que hablaron las rencillas y recelos de campanario, hoy mismo subsistentes entre pueblo y pueblo de un mismo Estado.

Atavismo quizá, tal vez recuerdo subconsciente de algo lejano, inexplicable en el propio viviente.

7. —La independencia y su escuela de maquinaciones e intrigas, prolongadas en primer período hasta la reunión de la Asamblea Constituyente, rompió la unidad, de hecho, que había logrado cuajar en Centro América durante la Colonia, rompiendo a su vez la tradición de los cacicazgos indígenas que esa Colonia destruyó.

Aquella ruptura, llevando la vacilación a los espíritus que ya dudaban, forzosamente produjo la anarquía que ahogó en sangre hermana los campos de la nueva República, sembrando por doquiera rencillas y cosechando algunas tempestades.

Eso mismo, como ya veremos, labró pacientemente el fracaso de la Unión: esa anarquía general y el centralismo soñado y propugnado por los aristócratas metropolitanos, frustró la consolidación de la unidad y mató los posteriores esfuerzos por volver a ella.

No hubo tino ni comprensión bastantes para anular o para ganarse al caudillo nacido del federalismo; y los caudillos, a la sombra y con la bandera de las soberanías estaduales, fueron lastre pesadísimo para la obra del patriotismo centroamericano.

No adelantemos nuestro pensamiento para no repetirnos: ya volveremos al asunto, porque él explica mucho que se ha callado no sabemos por qué. Si es por lo que suponemos in pectore, repetimos con Alexander Hamilton: "Poco afecto tengo a la majestad de la multitud, y renuncio toda pretensión a su apoyo".

III
Los muertos mandan.

1. —La Asamblea Nacional Constituyente de Centro América nos dio para nuestra primera ley fundamental, el primer ordenamiento jurídico, un calco deficiente, realmente una versión inferior de la Constitución de Estados Unidos de América.

No tenían otro modelo que escoger y se creyó, como todavía muchos creen, que aquello eran las columnas de Hércules del Derecho Constitucional. No había otros antecedentes que la Declaración de derechos inglesa de 1648, que las Trece Colonias aprovecharon en cuanto consultaron sus propias condiciones, como englobaron sus prácticas de la libertad según una propia declaración a que nos referimos adelante.

Aquella inferioridad de la versión provino de dos causas matrices: el desconocimiento o poco aprecio de las especiales condiciones de raza, medio, historia e instrucciones de Centro América y la carencia de elementos de juicio para decidir sobre el resultado de la lucha que en Estados Unidos sostenían *hamiltonianos* y *jefersonianos,* de donde muchos años más tarde plasmó la verdadera Constitución Política que rige a aquel gran pueblo y que en muy poco se parece al texto original.

Veamos sintéticamente las peripecias del modelo, y ellas nos llevarán a un examen de conciencia que determine mejor comprensión del pasado y ruta segura para el futuro. Prima facie, el análisis de las posiciones de Jefferson y Hamilton, y de la tozuda tercería que di espléndido triunfo a la República centralista y no muy democrática ni federal, nos demuestra que en Estados Unidos nació muerto el auténtico federalismo que batallaron eminentes hombres de las Trece Colonias: y esa muerte garantizó la vida de la nación.

2. —Los puritanos trajeron a la Nueva Inglaterra un Liberalismo peculiar, no era en esencia otra cosa que el acomodamiento que en Inglaterra halló el idealismo burgués a la transición del estatismo feudal al dinamismo capitalista engendrado por la revolución industrial. Su base fue la Reforma protestante en la secta estrecha, despótica y monárquica del calvinismo.

Alguien se duele de haber sido una desgracia que los puritanos trajesen a Calvino y no a Lutero; y aunque eso es muy absoluto, y por consiguiente engañoso, no carece de fundamento, las fallas de Lutero son menores, en cuanto juzga y trata al individuo y a la sociedad de que es parte.

Sin embargo, a pesar de la estrechez de vistas y del puritano desprecio por las mayorías, la propiedad de la tierra modificó en mucho su carácter político, democratizándolo hasta el punto de que, en 1689, la Asamblea General de Hartford adoptó como ley de los "Fundamental Orders", de Thomas Hooker, que contienen ya la doctrina de la soberanía popular y concibe al Estado como corporación de servicio público responsable ante la mayoría. Esta es la primera constitución escrita de la democracia estadounidense, que muy poco influyó en el futuro de la nación y en la constitución que la rige.

3. —Dos individualismos inconciliables dominaban entre los colonos de la Nueva Inglaterra: el individualismo inglés, frio y egoísta, apoyado en el derecho a la explotación y tendiendo siempre al capitalismo; y el individualismo francés, reaccionó, buscando la libertad por la justicia social.

El individualismo inglés lo personificó Alexander Hamilton, alma y motor de las dos administraciones del Gral. Washington; el individualismo francés corporifico en Thomas Jefferson; y en ambos, como misteriosa influencia del uno sobre el otro, hubo tintes de la corriente que combatía, como medio para el logro del bien colectivo buscado por ambos.

La lucha fue larga y tenaz y, no vamos a seguirla, aunque sea interesante del punto de vista de ser pugna de intereses agraristas y capitalistas. Resumiremos lo preciso a nuestro objeto, que no va muy lejos.

La democracia no habría perdido la gran partida, si el Gral. Andrew Jackson, hubiese arribado en la hora oportuna de valer el peso de la opinión e intereses de los Estados agraristas del Oeste que capitaneaba brillantemente. Pasada estaba la hora, pues Jackson encontró hechos consumados en las leves contentivas de los postulados de Hamilton; y John Marshall dedicado estaba desde la Suprema Corte de Justicia a perpetuar la obra conquistada.

También los Estados del Sur estuvieron contra Hamilton, desde que su negocio —la esclavitad— mal podía ver con buenos ojos la campaña que la desquiciaba, combatieron débilmente, desconfiados, contra la anulación o restricción de las soberanías estaduales, que era primordial condición para mantenimiento de la esclavitud, ambición de ellos; más prefirieron por el momento ocuparse de sus provechos, al tiempo la lacha en forma.

Cuando despertaron, también era tarde para ellos; y se lanzaron por el mal camino, por el camino errado.

Conste más, que la Constitución política tendió muy especialmente a reprimir, cortar o estorbar las mayorías agraristas, por lo cual Jefferson al retirarse, decía en 1776, estar convencido-por miedo a las minorías - de que toda la Constitución debía ser enmendada y adaptarse a la forma republicana de Gobierno.

Jefferson sabía bien que se aceptó la forma republicana como componenda entre los vidriosos extremos monárquico y demócrata que dominaban en, la Asamblea de Filadelfia; y sabia mejor que ninguno que la Constitución fue producto sazonado de hábiles Abogados y expertos hombres de negocios frente à una realidad que nada tenía de nebulosa ni intrincada.

Sabían lo que querían y fabricaron lo que había menester.

Por algo, no es preciso decir, gritó otro gran Estadista, John Quincy Adams, que ellos "no pretendían ser adoradores serviles de nuestro amo soberano el pueblo".

4. —Sin querer justificar plenamente a Hamilton creemos con sinceridad que la base de su acción y pensamiento lo aconsejaban el pasado de las Trece Colonias, y lo respalda el tiempo

transcurrido: con Estados fuertes, recelosos, y encastillados en sus soberanías intangibles, la federación habría sido juguete en manos de niños malcriados.

No pudo Hamilton, como ansiaba, destruir de raíz las soberanías estaduales, para que los Estados fuesen sólo agregados que dominase en absoluto la Unión; lo que queda de esas soberanías nos puede indicar lo que habría sido los Estados Unidos, sin esa obra de su gran hombre.

Hamilton inventó y prestigió la doctrina, de la República, que en sus manos obró milagros al servicio, de sus principios y su tarea. Espíritu imperialista detestó por igual la República y la Democracia, a las cuales les movió guerra, impiadosa durante su vida y su actuación privada y pública; y falto de sentimiento y de idealismo, encabezó intelectualmente a los federalistas para combatir a Jefferson y venciéndolo, hundir, matar a la democracia y a la República.

La ley y el orden, lema de Hamilton, convirtieron al Estado en instrumento necesario y útil para promover y asegurar los intereses de los poderosos; y sofrenar o anular los intereses de los desheredados de la fortuna en que eran para el gran estadista, sólo causa de turbulencia. De esta última creencia, su proceder de ver con desprecio la eterna preocupación de Jefferson por la masa y sus problemas.

Es natural pensar que Hamilton no habría podido desenvolver su pensamiento, y plasmarlo en obra perdurable, si el Presidente Washington no hubiese sido su aliado, en todas las situaciones que contemplaron, tuvieron ambos, la constante preocupación de la suerte de la nación, convencidos como estaban de que la conquista de la Independencia sólo había aumentado los peligros.

De ahí la terca insistencia de Hamilton en el problema de la nacionalidad, que generó todo su sistema, y moldeó toda su acción; para salvar esa nacionalidad, dándole inmutable consistencia política y social, adhirió a la economía del capitalismo, que no era otra cosa que baluarte del imperialismo que sembró, escogiendo como aglutinante poderoso de la Unión la deuda pública y complicado mecanismo financiero y económico que subsiste.

Sólo cosechó un fracaso, que en poco afectó su obra titánica; no pudo crear su ambicioso Banco Nacional.

5. —La reacción se extendía más de lo que podía pensarse, contra el materialismo hamiltoniano que impuso el federalismo de su cuño personal.

Tomás Jefferson, el republicano soñador, pretendió organizar el caos de los vencidos y con ellos, que eran la mayoría trituradora de la nación, derribar el hamiltonismo personal e ideológico; era sólo una medio verdad lo que Jefferson expresaba como su apoyo, que "una clase agrícola libre era espinazo de un gran pueblo, productora de riqueza real, protectora y conservadora de la independencia varonil; y que el número de trabajadores empleados en las fábricas era medida de las enfermedades sociales".

Jefferson, asentando esa semi verdad no vio claro hacia adelante, ni pudo percibir que el agua, el hierro, el carbón y e petróleo, abundantes en el territorio de su patria estaban señalando la ruta a seguir, hasta un engrandecimiento pasmoso en que la agricultura es lacaya de la industria y el dollars espinazo real de ese gran pueblo.

Como no podía menos de suceder a un talento privilegiado, Jefferson, rectificó muchos años después, cuando esa rectificación sólo iba a amargarle más, la derrota contundente, pues nuevos elementos de explotación llegaban a desautorizarlo.

Tampoco esa rectificación hizo nada por el triunfo de sus principios: ya Hamilton había logrado imponer todos los instrumentos del capitalismo, que Marshall se encargaría de afirmar para siempre jamás, en fallos que son hoy la ley suprema.

Toda prédica, toda acción fue inútil: Jefferson estuvo solo en su noble empeño de que Estados Unidos fuera una democracia y una República. Hamilton era poderoso por su posición oficial, por los respetables intereses a que sirvió y porque con él sostuvieron la base económica del Gobierno y su consecuencia la lucha de clases sociales, hombres como Samuel y John Adams, James Madison y Noah Webster.

6. —Cosa extraña: Hamiltonianos y Jeffersonianos tuvieron
un motor común para su ideal, aspiración y concepción políticos: el miedo.

Jefferson tuvo miedo pavoroso a la minoría imperialista y centralizadora, recordando que, según la Historia fueron siempre las minorías las creadoras de los tiranos.

Hamilton, al contrario, tuvo miedo pánico a la mayoría, a la multitud engendradora, de la anarquía y de las facciones de toda clase; y ambos estuvieron de acuerdo, al propiciar la República, en que toda sociedad oscila entre la tiranía y la anarquía, a las cuales ambos tenían miedo igual.

Jefferson no usó eufemismos, oteando al peligro cuando afirmó que "cuanto mayor sea el poder del Gobierno, más peligroso es para los derechos de los ciudadanos", a lo cual no se quedaron callados, los hamiltonianos, retrucando por boca de John Adams que "dominar la propiedad es dominar los hombres", porque la soberanía es cuestión económica, por lo cual es tontería declamar sobre los derechos naturales; no hay más derechos que los nacidos de la propiedad o de la espada".

7. —El Presidente Adams dio jaque mate en el largo y serio pleito de las instituciones políticas, llevando a la Corte Suprema de Justicia a John Marshall, hamiltoniano cien por cien, como se dice hoy, por principio y por convicción.

Desde su alto sitial, Marshall, no fue un Juez; actuó siempre como político, y no como Jurista, a la sombra del dogma de Hamilton de que "Siendo la Constitución una ley, está dentro de la esfera de la interpretación judicial".

Con esa palanca de Arquímedes, que el dogma de Otis "toda ley contraria a la Constitución es nula" apuntaló más, Marshall, se dedicó con paciencia de orfebre, a dictar la verdadera Constitución que rige a Estados Unidos.

Marshall fue un centralista ciego que dedicó su vida pública a salvar el federalismo, contra el cual conceptuó atentado toda aspiración democrática; y como medio único de salvar a la sociedad de los males del igualitarismo, se consagró a formar un Gobierno de orden y estabilidad por medio de la minoría.

Marshall fue el complemento indispensable de Hamilton, y desde la Corte Suprema reforzó la obra del último, ajustando la Constitución a los fines políticos, que ambos prohijaron y protegieron, a cuya sombra benefactora se desarrollase la clase económica y financiera sin estorbos, impedimento o forcejeo alguno.

8. —Dos doctrinas presidieron y dominaron los fallos de Marshall; la soberanía del poder federal y la santidad de la

propiedad privada. Dentro de la primera se encuentra el grupo de fallos que afirman la supremacía del Poder Judicial, sobre el Legislativo, en lo cual fue creador, pues conscientemente se apartó de la doctrina y práctica inglesas; y dentro de la segunda doctrina se encuentra el grupo de fallos que afirman la irrevocabilidad de los contratos, no importa la moralidad e inmoralidad de estos en su esencia o en su concierto.

El jaque mate fue maestro; y desde entonces quedó rigiendo, posiblemente para siempre, la tiranía del Poder Judicial que se arrogó la Soberanía popular sin restricción ni responsabilidad, y dentro de esa tiranía, la Dictadura de los Abogados, ejercida en nombre de la mentira de la inexistente soberanía de la ley.

De nada valió, palabras fueron al viento, la tenaz y larga oposición de Jefferson, que llegó a exclamar: "ciertamente no hay democracia donde las leyes son hechura de Jueces y se cumplimentan por autos judiciales, y donde el Poder Soberano está fuera del alcance inmediato de la voluntad popular".

Sólo quedará, para siempre, como un recuerdo de la lucha y de la amargura del gran vencido, sus palabras lapidarias siguientes:

"Es una confusión de términos llamar republicano a un Gobierno en que uno de los ramos de la autoridad es independiente de la Nación".

IV

La ironía es el estilo de la Historia.

1. —Nuestros constituyentes federales de 1824 se inspiraron en el sano idealismo de Jefferson, sintetizado en la declaración de Independencia de las Trece Colonias, sin haber visto dos cosas: que ese idealismo ya resultaba, entonces, elástico y que la Constitución Americana, escrita, no era ni puede ser la auténtica.

No tuvieron culpa en todo —y sin que sea recriminación— la ignorancia de la verdad debe disculparlos, sobre todo cuando se pesa que la remodelación constitucional americana terminó cuando la República de Centro América había pasado a mejor vida.

Fuera del modelo que copiaron del original, olvidaron las ondas diferencias entre los sistemas coloniales, español e inglés, la desemejanza total de las razas y los ambientes y usos de Norte y Centro América. Vieron nuestra realidad al través de un prisma color de rosa, que al deformar los llevó al más triste engaño.

Centro América Colonial, fue de hecho una Federación, como sistema impuesto por la Geografía de un país extenso y variado, desierto casi por la despoblación de la conquista y la colonización española. Esa Federación no estuvo articulada a modo de lograr homogeneidad política ni social, a despecho de que hubiese costado poco; y esa desarticulación oficial era el abismo que debió llenarse para que no ruyera el edificio completo.

Los españoles mal podían ayudar a la Geografía, cuando su obra y la estabilidad de esta, dependían, de mucha parte de la desunión, no sólo entre las distintas partes del continente, sino de cada una de las partes en sí.

Los cabildos, trasunto de los fueros españoles, fueron base de descentralización dentro del todo y se convirtieron en Honduras, por ejemplo, en islas administrativas por su forma de actuar, por su composición y por su no enlace para fines generales o comunes de la entidad donde se implantaron. Siguiendo la trayectoria de la familia colonial en la sociedad, había —cuando más— relaciones de vecindad entre ellos, casi nunca cooperación y menos compenetración de fines ideales.

2. —En pueblos organizados, en pueblos creyentes y trabajadores, la Federación une sabiamente cuanta divergencia exista; y esa forma de gobierno es la ideal para llegar a la coparticipación de deberes y a la cooperación en derechos, imprescindibles para la unidad y la grandeza de la Nación.

De ese modo, la Federación era un imperativo para nuestros pueblos, cuando de adoptar forma se trató; no había tradición política unitaria, siendo eso lo que estaba pidiendo nuestra sociología; y fue una tremenda desgracia no haber sido República unitaria.

Ese unitarismo, esa centralización estaban exigiéndola nuestra falta de instrucción y educación, principalmente cívicas, nuestra carencia de prácticas institucionales aun rudimentarias y, como consecuencia, la no tenencia de criterio político en ayuda de la implantación del Gobierno propio: a más, no puede concebirse, sino como un desastre seguro; la República Federal sin Estados de previa organización, capaces de respaldar el orden público dentro de la Libertad y de promover el progreso integral dentro de sus fronteras.

El error produjo a los caudillos que, siendo los únicos entendidos —a su modo— de las cosas de su burgo gravitaron, precisamente, contra la Federación, afirmando el unitarismo medular que nos llevó fatalmente a la secesión.

Los tentaleos en todo, las vacilaciones de todo orden, las asomadas de la primera hora, y la anexión al Imperio Mexicano, dieron especial valimento a esos caudillos: y de ellos salió una casta militar cuyos jefes se creyeron en la necesidad y en la predestinación de hacer felices a sus seguidores--y aun a su Estado puesto que las mismas peripecias establecieron jerarquías.

Para cumplir con ese deseo o misión vieron y conceptuaron enemigos, no adversarios, a los que no creyeron en la predestinación que se arrogaron; y fue, natural, que el afán de mando, el ansia de supremacía o el simple instinto de conservación, los obligó a destruir e invalidar a esos enemigos.

Los caudillos, sin embargo, prueban en último análisis nuestra forma, federal prístina. Sus ansias, sus egoísmos, sus virtudes, sus trapacerías fueron los mismos en todos los Estados, sin que hayan salido de su propio Estado, sino cuando los vínculos legales se relajaron, ampliando con ello sus mirajes y agregando les una nueva predestinación: sostener, primero: y soñar, después, la por ellos victimada República de Centro América.

En el último aspecto, los caudillos entendieron por federalismo el aislamiento que les aseguraba mando, prebendas y honores por tanto tiempo, cuanto pudiesen sostener su valimento o mérito: la soberanía estadual fue buena bandera para muchos de esos caudillos, y a cuya sombra se sembró mucha cizaña que aun crece lozana en tantos predios.

3. —Habría salvado la Federación, antes de que la rompieran las facciones y las intrigas reaccionarias, una dictadura, ese resorte democrático en horas críticas o aciagas, siempre que ella sea decretada u otorgada por el Poder Legislativo, por período y para fin determinados y con cargo a dar cuenta del uso cierto de las

facultades extraordinarias que implica y de los efectos logrados durante su vigencia.

El Legislativo Federal no estuvo a la altura de su deber ni de su misión, a causa del dominio ejercido por la minoría audaz, que en la capital pugnaba por la ruptura del Pacto, en lo que era ayudada por la nulidad a que la propia ley redujo el Senado, hígado y corazón de una República Federal. Y cuando las circunstancias, creadas por aquella minoría, pusieron de hecho esa dictadura en manos del Ejecutivo, el General Manuel José Arce, se mostró incapaz, miope y acomodaticio.

Como dice nuestro pueblo: "Mató el venado y se espantó del cuero".

Vencido el turbión producido por los desafueros de Arce y su pandilla, el General Francisco Morazán, tuvo en sus manos la dictadura salvadora, sin que la buscara, más bien, llegándole en buena hora para la nacionalidad y su salvación; y tampoco Morazán estuvo a la altura de su deber y de su misión.

No tenía el General Morazán necesidad de declararse, de llamarse dictador: los hechos mismos en que acababa de ser protagonista lo convertían en Dictador, desde que ningún derecho legal ostentaba para actuar bajo el dosel del Ejecutivo Federal.

Su único derecho, legítimo y aplaudido, era su carácter de vencedor, a la cabeza del pueblo insurreccionado para volver al Imperio de la Constitución, rota por los vencidos.

Aquella minoría, los enemigos todos de la nacionalidad espantados momentáneamente del cuero del venado que mataron con Arce, pretendieron volver a la gracia perdida; y obrando de acuerdo con sus convicciones, ofrecieron a Morazán la dictadura que estaba ejerciendo, como señal de que la aprobaban y de que aspiraban a sumarse a los esfuerzos para el mejor logro de ello.

Estimamos que no era artimaña de aristócratas.

Esa oferta, literalmente tomada, carece de valor. Ellos no podían ofrecer lo que no tenían como al Gral. Morazán no precisaba aceptar lo que ya ejercía: nosotros la tomamos como oferta de servicio, tal vez interesados, por la convicción de la derrota total que habían sufrido y de la cual quizá no esperaban resarcirse o no estaban pensando resarcirse.

La repulsa del Gral. Morazán estuvo buena; no era político aceptar colaboración de los recién vencidos, asesinos conscientes de la nacionalidad, antes y después, y sin prueba de enmienda valedera; pero la repulsa teatral absoluta, tal vez confundiendo dictadura con tiranía, no hacía sino crearle tropiezos en su gran obra, ya que fue natural que los repelidos volviesen a sus madrigueras a tejer maquinaciones para derribar una situación en que no podían estar.

El tiempo no ha justificado la impolítica de Morazán; y aunque en este punto vamos contra la corriente, no podemos ocultar esa verdad que se ha hecho carne en nuestra conciencia meditando largamente, desapasionadamente la Historia.

Aquella fue la única oportunidad de coger los hilos de la trama separatista y vencer a la oligarquía disociadora, venciendo a la indiada que soliviantaron: despreciada la ocasión, no volvió a presentarse; y desde aquel momento la República estaba condenada a morir.

No queremos entrar en el análisis completo de esta actitud del Gral. Morazán: quien la vea sin pasión colocándose en el teatro y en la hora de los acontecimientos, tendrá de concordar con nosotros en que pudo salvar a la República y ahorrarnos diez años de guerras civiles y un siglo de traspiés y humillaciones posteriores.

El gran Repúblico Jefferson, que no puede tacharse en este asunto, decía que *"la acción política debe obedecer más bien a la razón que a los precedentes históricos o legales".*

4. —Bien: si la forma social y política las determinan el suelo y el pasado de un pueblo, el federalismo era llovido del cielo para Centro América, y nuestros constituyentes sólo erraron creyendo, y siguiendo ciegamente a Jefferson y no tomando en cuenta nada de nuestra realidad histórica.

Copiamos del Dr. Lorenzo Montúfar: "no sólo la división territorial disgustaba a los Estados, sino la desigualdad en el Congreso Federal, porque ahí el Estado más grande daba la ley".

Los Estados decían: que con veintiún diputados había Congreso; y que diecisiete eran del Estado de Guatemala: que con cuatro diputados que concurrieran de los otros Estados, había sesión; y que entonces era indudable que Guatemala dictaba la ley".

"La ciencia ha creado un sistema para establecer la igualdad en medio de grandes desigualdades".

"Este sistema es la formación de las dos Cámaras"

"Pero el art. 81 de la Constitución de 1824 anulaba esta igualdad, y establecía sólidamente la desigualdad de que se quejaban los Estados".

"Este artículo disponía que cuando el Senado negaba la sanción a una ley, podía el Congreso volverla a tomar en consideración, y si, la ratificaba con dos tercios de votos, el Presidente de la República debía mandarla a cumplir, sin necesidad de la sanción del Senado".

"Este artículo echaba por tierra el gran principio de igualdad federativa, bella creación de eminentes publicistas, y daba a los Estados pequeños en población, justos y fundadísimos motivos de queja".

El señuelo de las mayorías a todo trance, allí esta como con causa de la ruptura; otras causas fueron la burla de la primera elección presidencial, por una interpretación antojadiza y bastarda de la Constitución, más por debilidad que por servicio a un bando: la carencia de dinero: la concentración de las mayorías en el Estado cuyos dirigentes no querían la Federación porque les vedaba el mando que estaban ejerciendo y deseaban seguir usufructuando: la falta de un Distrito Federal, que expuso a irrespetos al Presidente de la República, de parte de autoridades inferiores, a quienes hacía sombra: la concentración en la capital en las personalidades del país: la falta de vínculos efectivos de toda clase entre los Estados y entre estos y su capital nacional: la permanencia en puestos de responsabilidad de enemigos del sistema y de la nacionalidad: la intolerancia religiosa, garantizada por la ley fundamental; y las constantes de la Constitución, apuntadas en parte por el Dr. Montúfar.

No hay necesidad de más dinamita para volar el más sólido edificio; y el nuestro no lo fue.

Valle pudo salvar a la República, en dos veces y no lo quiso el destino: la primera cuando le birlaron la elección libremente hecha en él por el pueblo centroamericano: y la segunda: cuando la muerte se la quitó.

¿No es agorero ese destino? Tenemos para nosotros que quizá el fatalista estaba escrito tenga en ello mucho que ver y nos indique buscar otros caminos.

*Ninguna sociedad puede darse una
Constitución perpetua.*
THOMAS JEFFERSON.

1. —Después de las terribles convulsiones por qué pasó la República, desde el fatídico 1829 hasta el no menos desgraciado 1838, el Congreso Federal emitió el Decreto de 30 de mayo del último año mencionado, que deja a los Estados en libertad para constituirse como quieran.

Estaba disuelta la República de Centro América, por la miopía de sus dirigentes, la candorosidad de sus políticos, y la audacia sin escrúpulos de la eterna minoría.

Era el temperamento de los separatistas: romper la unión para volver a la unión, como si una reforma institucional dependiese de la ruptura del orden o fuese posible alterar la esencia del Pacto.

Estaba servido don Juan José Aycinena, el hombre que durante más de diez años había trabajado por ese hecho, y que con tres satélites más, numéricamente tres, se impuso al destino de cinco pueblos y llevó como corderos a sus representantes. ¡Maldito sea para siempre!.

El Dr. Aycinena tenía el talento suficiente para haber digerido el movimiento constitucional de los Estados Unidos de América, donde tantos años vivió, desterrado por malvado y ambicioso sin conciencia: a su regreso, en, y fuera del Congreso, viniese o no a colación, sólo explotó la opinión de un gran sector del Sur de aquel Coloso, que se condensaba en el derecho de secesión, porque era el suyo y de sus intereses.

El mejor expositor de ese derecho, a la vez el mejor constitucionalista americano, Alexander H. Stephens, lo resume así:

"La secesión es tanto un derecho civil como un derecho revolucionario, y se halla implícito en el pacto original celebrado por los Estados. Todo Estado tiene, por consiguiente, el derecho de recobrar lo que pacíficamente concedió, cuando crea que le conviene hacerlo".

Lo extraño, lo inexplicable en ese temperamento de chiquillos o de malvados es que próceres de la Independencia lo hayan suscrito, con su firma, con su adhesión o con su conformidad.

Es de sabios rectificar, y de allí la posibilidad, a veces la necesidad, de reformas en la vida jurídica de los pueblos; pero sólo en Guatemala privó la teoría y la práctica de la destrucción como medida previa de reforma.

Los pueblos como si tal: aceptaron pasivamente todo, como después también aceptarían todo: No se precisa más prueba de su cultura negativa o nula.

2. —El Dr. Aycinena había sido el oráculo, hasta tal punto que el prócer, Dr. don Pedro Molina, había dicho por la prensa que en Centro América no existía quién pudiese contestar sus folletos contra la federación: prueba de cuan ayunos vivían muchos de nuestros próceres de cuanto pasaba en el mundo. El Dr. Aycinena era autor de la teoría va dicha de que para remendar todo lo malo, para enmendar lo mal hecho, era preciso romper la unidad patria y volver a ella en mejores condiciones y experiencia y capacidad.

La ya larga guerra, con sus dolorosas consecuencias, no dejó de influir poderosamente en la falta de reacción patriótica al decreto de disolución del Pacto, triunfo completo del ex marqués fallido, y como si hubiese sido arrebato de liberación, Honduras se acogió a sus términos y reasumió su soberanía el 5 de noviembre siguiente.

No se piense que Honduras dio principio al zafarrancho; era el único Estado que permanecía fiel hasta el último minuto, muy a pesar de ser el más sacrificado de la federación, en especial por su contribución de sangre; esa sangre fue regada por todos los campos de Centro América, en defensa de la unidad y de la libertad.

Decimos haber sido el único fiel porque Costa Rica estaba ya fuera del Pacto por su ley Aprilia. Nicaragua se separó un mes antes del Decreto Federal; y la Asamblea del Salvador, reunida especialmente para ello por el Jefe de Estado, don José María Cornejo, rompió el pacto y se declaró independiente el 7 de enero de 1882, sin que nunca-ni aun por la caída de Cornejo -ese decreto legislativo se hubiera derogado, ni expresa ni tácitamente.

Guatemala tiró la piedra y escondió la mano: no dispuso nada en ley. No lo necesitaba puesto que sola quedó, como quería, como había ansiado tanto y para lo que tanto trabajó: su decreto de años después, sólo nos notificó que todo estaba muerto.

No obstante, y tardos en reconocer la cruda realidad, desde aquel mismo instante empezaron, principalmente en Honduras, El Salvador y Nicaragua, los trabajos para la reconstrucción de la patria muerta: esos trabajos contaron y siguen contando con toda la suerte de añagazas de políticos marrulleros, va bien hallados en las posiciones que conquistaron en sus estrechos campanarios de provincia.

3. —Es lástima que los Estados no hayan aceptado las reformas de la Constitución decretadas el 18 de febrero de 1835: era sencillamente nueva prueba de la eficacia de la prédica y trabajos del ex marqués.

Aceptar las reformas era consolidar la República, manteniendo la federación para perfeccionarla en sus instituciones, como efectivamente habría sucedido, puesto que las reformas eran remedio a muchos males contra los cuales se había reclamado con insistencia y con sobra de razón.

No era ese el plan de los enemigos de la República, ni el remedio a sus males políticos y financieros.

El plan, ampliamente logrado, era victimar para siempre la República, convertirla en jirones y dominar a cada uno de éstos por medio de las facciones de los caudillos, ya con suficiente auge y aura para la nefasta misión.

Guatemala, madre y motora de la ruptura, debía ser desde entonces motora, y madre del separatismo, consumado por el decreto de su congreso, de 21 de marzo de 1847, que proclamó a Guatemala República independiente; pero para llegar a ese hecho y a esa fecha, todavía Aycinena y los suyos tuvieron de recorrer mucho y no muy amplio camino.

Y ese espeso separatismo, a pesar de todos y de todo cuanto pretenda desvirtuarlo, está en la misma liberal Constitución de 1879, que hoy rige, y que afirma estará Guatemala pronta a reincorporarse a la República de Centro América, siempre que la unión se le proponga de "una manera estable, justa, popular, y conveniente".

No se precisa ser muy lince para ver que tales condiciones son repulsa completa y definitiva de reconstrucción, nacional: es imposible, como ya se demostró en 1921 que no se halle motivo racional o pretexto fundado para negarse a concurrir, desde que la ley exige concurrencia de cuatro condiciones al mismo tiempo; y cada una de por sí es motivo de larga controversia y hasta de difícil demostración para llegar al triunfo.

La ley guatemalteca exime de demostrar - con la historia - haber sido Guatemala madre de la ruptura y del separatismo posterior de Centro América.

4. —Honduras se mantuvo federalista y se mantiene unionista: hasta el 7 de mayo de 1862 no se declaró República; y ello en virtud y por la fuerza de circunstancias que no dejaban de amenazar su existencia misma, siendo loable que aun en medio de la cerrazón de la oligarquía, no se habló de tal república: antes bien, al reconocer la declaratoria de la de Guatemala, hizo constar que "dejaba al verificarlo, intactos y subsistentes los compromisos y deberes en que el Gobierno de Guatemala se hallaba respecto de los demás de Centro América".

La historia ha encontrado a Honduras en la misma plataforma hasta el último fracaso de 1921, ya bajo la presión de intereses extranjeros que intervinieron de manera rápida y eficaz contra aquella nueva situación en el Istmo, que no habían podido ahogar durante la gesta.

5. —Nosotros somos unionistas desde la primera hora de nuestra vida pública; y, al hablar como lo hacemos, nos duele tener que estampar algunas dolorosas verdades.

Queremos entrañablemente a Guatemala, cuna de nuestro padre, como queremos a las otras secciones de la vieja patria,

pero ello agrega a nuestra misión un deber más para con las nuevas generaciones, que ya nacieron bajo los istmos locales y pueden llegar a creer que eso nos conviene y no lo debemos mudar.

A ello conspiran como ya lo hemos dicho, que nuestra historia verdadera no está escrita ni se barrunta a quién quiera estampar sus verdades, que se callan como consigna de honor, y nuestros Profesores de Historia de Honduras y de Centro América son simples monitores de las mentiras escritas hasta nuestros días.

La República de Centro América tiene que renacer, no sólo por ser un deber imperioso de sus hijos todos sino porque es una imposición y una necesidad de los nuevos tiempos, que han transformado todos los valores y han determinado nuevos rumbos al mundo actual, que se me desmorona totalmente, llevando de cuajo ídolos y monumentos de toda especie.

Discúlpesenos digresiones como la anterior.

6. —Desde que un salvadoreño, el Gral. Manuel José Arce, sembró en el campo del Espinal, territorio salvadoreño, el odio de guatemaltecos y salvadoreños, que el tiempo encubre y no extingue, no ha tenido propiamente El Salvador otro designio político internacional que llevar la contra a su rival; y Guatemala en represalia y defensa, ha buscado dominar siempre, lo que logró hasta no hace muchos años, en proteicas formas.

Con ilustración, recuérdese que hace apenas unos treinta años, exactamente el 17 de Mayo de 1912, sustituyó El Salvador —por la federal— la bandera que le impuso Carrera para hacerle olvidar lo poco que restase de la Unión. El Dr. Don Manuel Enrique Araujo volvió siquiera a los símbolos federales y no por unionista: su acto lo aconsejó, lo respaldó y lo consumó aquel odio a Guatemala, que sentía en el fondo de su alma.

En demostración, no es preciso que recordemos hechos como la campaña de los culturales, en cuyo lema, de primero "nosotros y después los otros", entraban —y aun entran— los naturales de las otras secciones de la muerta República.

De este modo, con esos antecedentes y consecuentes, la Presidencia del General Francisco Malespín, no era un hecho aislado en El Salvador, al tiempo de los sucesos del presente estudio: había militado con Rafael Carrera y estaba en la gracia de él y de los reaccionarios que elevaron el último; pero desconfiados como que el edificio de separatismo no estaba terminado a satisfacción, manejaban a Malespín por medio del Obispo de El Salvador, Dr. Jorge de Viteri y Ungo, salvadoreño también, por guarda de las apariencias en gran parte.

La mitra salvadoreña había ahondado los recelos y el odio entre salvadoreños y guatemaltecos, los primeros ambiciosos de ella para no tener ni esa dependencia de Guatemala y los segundos opositores tercos a la misma, porque no habían podido llevar a sus redes al Dr. José Matías Delgado, promotor de la secesión espiritual y primer pretendiente a la mitra.

No embargante, el Arzobispo de Guatemala y los separatistas creyeron bueno cambiar de rumbo, sin cambiar de designios; y la mitra que combatieron e hicieron naufragar en 1826, la sacaron avante en 1842 con Viteri, que fue el Amo de El Salvador durante mucho tiempo; por eso hay manifiesta injusticia en lanzar maldiciones únicamente sobre Malespín, olvidando su carácter, sus inclinaciones y su sujeción.

El Salvador no había sido un todo homogéneo en política, a pesar de la pequeñez del territorio: esa homogeneidad solo se vio

en el aún más reducido espacio del verdadero Señorío de Cuzcatlán. No se olviden los distintos sentimientos y actitudes ante el Imperio Mexicano, y tráigase a la memoria que en los días más difíciles de aquella época declaró-pretendiendo salvarse-su anexión a Estados Unidos de América, dichosamente en la hora en que la doctrina Monroe era la pristina.

La falta de solidaridad interna se manifestó así mismo contra Malespín, y aquí con toda sensatez, el General Gerardo Barrios. No descansó con los suyos hasta dar en tierra con el régimen del dicho Malespín, que fue con sus hermanos una larga y terrible pesadilla para El Salvador.

Barrios evadió el sitio de León en Nicaragua para volar a El Salvador y levantarlo contra el oprobio de aquella fiera humana; y la suerte lo favoreció, operándose el cambio de la situación política interna salvadoreña.

7. —El 2 de febrero de 1845 el barrio de El Calvario, de la ciudad capital se levantó en armas y triunfó contra los testaferros dejados por Malespín para sostener su poder, mientras él sojuzgaba al vecino, sucesos a que siguieron otros de la misma índole en el resto del país, que reconoció Jefe al Vicepresidente, Gral. don Joaquín Eufrasio Guzmán, costarricense domiciliado en la ciudad de San Miguel desde varios años.

No vamos a pronunciarnos sobre la conducta del Gral. Guzmán, que nada agrega a nuestro intento: él era el Vicepresidente de Malespín, llamado por la ley para sustituir a éste en caso de falta; y estaba en el ejercicio legal en el momento del pronunciamiento a su favor. Debe, sin embargo, no ser laudable cualquiera de las dos posiciones, la de aceptación de la posición de segundo de Malespín en el poder, o la aceptación del golpe del 2 de febrero en su exclusivo favor, para ejercer ese poder sin la traba ni el miedo a Malespín.

¿Debilidad? ¿Imposición? ¿Ambición? ¿Deslealtad? ya dijimos que no nos pronunciamos: apuntamos el hecho porque él es la causa original de la guerra de 1845 con Honduras.

El 2 de febrero debía tener consecuencias fuera de El Salvador, desde el momento en que su presidente legal era aliado de Honduras en una guerra contra Nicaragua, con el fin de elevar en ella a la facción a fin de los dos aliados.

Esas consecuencias desagradables se explican lógicamente dentro del engranaje político que estaba solidificando el separatismo guatemalteco, ayudado por las ambiciones seccionales a que servía el mismo Guzmán, con o sin placer, como lo indica con elocuencia su figuración en la primera línea.

Un solo hombre así sea fiera como Malespín y sus dignos hermanos, no debe cargar con toda la responsabilidad que cabe a una oligarquía; y tómese en cuenta que las oligarquías, no las minorías dirigentes, sólo son posibles cuando les es propicio al terreno, abonado por otros factores, ajenos a ellas las más de las ocasiones y que talentosamente aprovechan.

A veces esas oligarquías responden a una opinión general latente, o a un deseo de las mayorías, máxime si duran como tales oligarquías: un pueblo sorprendido por ellas no las puede soportar mucho.

8. —A pesar de todo, y hasta del fin trágico del General Malespín, hay una supervivencia de él: la clave que usó, que hoy muchos emplean como dialecto y que nosotros hemos oído en el departamento de Santa Ana, sobre todo por los alrededores del volcán; y lo llaman malespín, sin que sepamos quién fue su autor verdadero.

Vale la pena que la conservemos en estas páginas, porque es ingenioso, e inteligente: consiste en el trueque de algunas letras de nuestro alfabeto por otras del mismo, con lo cual la clave es de lectura corriente, sin la pérdida de tiempo, y otros engorros que conocen quienes hayan manejado claves, sobre todo en tiempos de guerras como las nuestras, cuando de una orden oportuna --pedida en criptograma~ depende una situación o simplemente un combate.

Consiste el malespín en la sustitución, unas por otras, de las siguientes letras: a por e; e por a"; i por o; o por i; b por t; t por b; c por s; s por c; f. por g; g por f; m por p; p por m; las demás letras de nuestro alfabeto conservan sus valores gramaticales conocidos.

Escríbase lo que se quiera y léase como lenguaje corriente, menos la q, que suena como c.

9. —El Dr. don Lorenzo Montúfar, patriarca y mentor del Liberalismo, se congratula y se frota de satisfacción las manos pecadoras, porque el Gral. Malespín no llegó al Poder por el voto de los salvadoreños: ese motivo, como otros muchos entre los cuales su gratitud por lo que a sus sanchas estuvo en El Salvador, emigrado de su ídolo el Gral. Justo Rufino Barrios; ese motivo, decimos, le sirve para poner más allá de las nubes el ditirambo a El Salvador.

Nosotros creemos que en mucho El Salvador es digno de la alabanza del Dr. Montúfar, por méritos intrínsecos, principalmente por la epopeya morazánica, al respecto de la cual no debe echarse en saco roto que estuvo siempre en las primeras filas una brillante pléyade de hondureños. Véanse las nóminas siquiera de jefes en las batallas libradas por el Gral. Morazán; véanse el rol de los que con él emigraron; repásese las listas de los que después de muerto el Héroe sufrieron persecuciones y vejámenes.

El hecho determinante del engaño a este respecto proviene de que las gloriosas batallas de Morazán fueron libradas en territorio salvadoreño y llevan los nombres de lugares salvadoreños donde se riñeron: El Salvador, hasta sin quererlo, ha explotado hasta la saciedad el evento para honrar su nombre de país, y con ello ha formado una cortina de humo a la realidad sobre otros nombres no salvadoreños.

El Dr. Montúfar no quiso nunca ver lo bueno, de Honduras, salvo Morazán, y a veces el Gral. Cabañas, todo lo hondureño es malo para él; todo se hacía para, por y en nombre de la oligarquía de su patria chica. Por esa ceguera no quiso ver, y menos adular, en todo su significado el mismo fenómeno en Honduras, cuyo pueblo no eligió para la Presidencia al General Francisco Ferrera, y entre Ferrera y Malespín, toda comparación es imposible, porque Ferrera estuvo siempre con codos arriba.

Tampoco el General don Trinidad Cabañas fue electo por el pueblo hondureño; en el caso de Ferrera, el Dr. Montúfar, dijo secamente que aún la reacción no había matado el espíritu público de los hondureños: en el caso de Cabañas no dijo nada, más es casi seguro que de haber dicho algo sería afirmado va a estar muerto el espíritu público de los hondureños.

Para el Dr. Montúfar, Dios y todo lo grande y bueno es liberal: Lucifer y todo lo bajo y malo es conservador; y conservador reaccionario, servil, etc. es todo aquél que en Centro América no consta en los registros del Partido Liberal del Dr. Montúfar y sus sucesores.

10. —El General Francisco Ferrera fue sin duda un producto de su medio, donde habría vivido simple y olvidado como hombre de su pueblo, Cantarranas, entre las tijeras del sastre, la música de la iglesia y las cábalas de la alcaldía.

Los tristes sucesos de 1827 torcieron su destino y lo llevaron al turbión de la política, que empezó defendiendo al patricio don Dionisio de Herrera, el repúblico inmaculado, ingratamente olvidado por todos los hondureños, no digamos los centroamericanos, porque su nombre no evoca fanfarrias guerreras ni clarines de combate.

Ferrera militó con el Gral. Morazán en Olancho, en la Trinidad y en el Gualcho, y venció a Domínguez en Torcales, la Ofrecedera y Trujillo.

Fue electo Vicejefe de Estado en Honduras al par y en el binomio con otro repúblico olvidado, don Joaquín Rivera.

He ahí a pinceladas su foja de servicios, liberales y unionistas.

Las alturas del Poder, que a todos mares y a muchos enloquece, variaron su rumbo hacia la ambición y el mando indisputado. El Decreto del Congreso Federal, dejando a los Estados en libertad de constituirse, le abrió de par en par las puertas, al colmo de sus pretensiones.

Entró a la Escuela de Aycinena creyendo de buena fe al comienzo que sólo rompiendo el pacto federal podía volverse a la Federación en condiciones de estabilidad; ya hemos dicho lo que antes tantos dijeron sobre esa prédica nefasta contra la cual hasta el Dr. Pedro Molina se declaró impotente de luchar.

Las reformas a la Constitución de 1824 no fueron aceptadas por Honduras, que razones halló para juzgarlas inconvenientes; el Gral. Ferrera fue partidario de las reformas en el sentido que pugnaba Honduras, y la reforma hizo al bando separatista a Ferrera, que no fue camaleón político como muchos de sus contemporáneos.

El General Morazán sostenía en El Salvador el sistema federal, y había que ir contra el Gral. Morazán y El Salvador.

Ferrera fue enemigo de Morazán por eso; porque iba contra la convicción de Ferrera, como antes lo siguió porque eran de la misma comunión.

No fue verdadero enemigo de la federación; aunque después de los desengaños, los intereses creados por el separatismo, y el egoísmo en hombres de una sola pieza, lo convirtió al credo de Julio César; mejor el primero en Algido que el segundo en Roma.

Y a pesar de ello, no pudo dominar como ambicionaba porque le faltó el oportunismo político que hace plástico al espíritu del hombre para acomodarse a cada nueva situación o circunstancias, para dentro de ellas hallar las soluciones más justas, más convenientes y hasta más populares: por esa inflexibilidad fue el Mulato de Hierro.

Se ha dicho que durante Ferrera mandaron el provisor José Nicolás Irías, y el Lic. Felipe Jáuregui; es posible que para ganar popularidad, que nunca tuvo, se haya plegado más de una vez sobre todo cuando Jáuregui era el espía y elemento de enlace de la oligarquía guatemalteca, apoyada en la fuerza del Clero en países analfabetos y supersticiosos; pero conviene no olvidar que Ferrera fue observador y pensador, como lo demostró trazando antes que nadie la ruta de nuestro soñado y fallido ferrocarril interoceánico.

Tampoco se olvide que no quiso el tercer período presidencial, comprendiendo su verdadera posición política, aun sabiendo que no había fuerzas que se le quitaran ni antes ni después de asumirla; y que emigró sin llevarse un papel para defenderse de los ataques que sabía positivamente llegarían.

Estaba seguro de sí, y confió en el futuro, que le ha pagado con piadoso silencio, tal vez más conveniente a su memoria.

11. —Aun siendo recia personalidad, el Gral. Ferrera no pudo torcer los acontecimientos, como otras figuras históricas logran, aun adulterando hechos y cosas; se puso si, a la cabeza de su época en su

país; y hasta donde era viable, encarno la democracia sentida por las masas.

Los propios levantamientos armados, contra su gobierno y persona, y su dominio de la escena pública, prueban su carácter de personalidad histórica, de verdad, en su tiempo y fuera de su tiempo.

¿Por qué entonces combatir a Ferrera? Su actuación pública no pudo ser otra, que entonces habría sido cándido; y las desgracias llueven siempre, recio y constante, sobre los pueblos gobernados por hombres cándidos. Su vida privada no aparece con manchas; y murió pobre.

12. —La última prueba de que no había sido separatista por convicción la dio en las conversaciones que tuvo y en los consejos que dio a don Doroteo Vasconcelos cuando éste, como Presidente de El Salvador, preparaba la campaña militar que se debía dar en tierra con Rafael Carrera y sus marionetas; y que por obra de la ironía consolidó a Carrera, yendo Vasconcelos y los suyos, a estrellarse a la Arada.

El General Ferrera vaticinó el fracaso estupendo cosechado, que no vio la mayoría; ésta sólo hacía cábalas sobre posibilidades y Ferrera conocía sobre la realidad, que lo había sacrificado.

Y si faltase algo para hacer ver que sólo fue furibundo antimorazanista, párese mientes en qué, de haberlo querido, se habría perpetuado en el mando de Honduras, desde que no rompió con Carrera ni con los separatistas guatemaltecos; y todos de mil amores lo habrían apoyado, como después apoyaron a Dueñas en El Salvador durante tantos años.

VI

Una revolución de cuando en cuando es saludable; si no viene por sí misma, puede convenir suscitarla.
THOMAS JEFFERSON.

1. —La suma del resumen anterior puede ser el que sigue, sin mucho de más y con mucho de menos. Es preciso que fijemos claro

las posiciones, para que también claro se vea el choque, que produjo el Obrajuelo; no vencido allá ni muerto.

El afán de dominio sin freno, para explotación económica y financiera en favor de una casta privilegiada, obligó a la oligarquía guatemalteca a hacer de Rafael Carrera su amo, al principio en la creencia de que aquel indio analfabeto sería domado y dominado; después conformes de que, por le menos, aguantando a Carrera comían bien y dormían a pierna suelta.

Nunca estuvo el exmarqués de Aycinena tan de manteles largos como el 11 de diciembre de 1844 en que fue designado Carrera Presidente; y más a gusto del acontecimiento cuanto que en esa elección de la Convención Constituyente, liberal en su mayoría, contó que los votos favorables de los corifeos del liberalismo enemigo, que por aquel acto de debilidad creyó aliado para siempre.

No fue aliado nunca de verdad el partido liberal, pero ayudo con sus votos y su acción —que no con su prestigio— a encumbrar a Carrera y a consumar el separatismo, cuando hasta los más ensoberbecidos liberales votaron por la instauración de la República de Guatemala, veintisiete meses después. No fueron aliados, pero fueron cómplices los liberales; y a pesar de sus componendas y complacencias, fueron radiados del cuadro de los amigos durante treinta años.

2. —El Salvador después del voluntario ostracismo del Gral. Morazán, quedó al garete de sus propias pujas internas, ya que faltó casi siempre la unidad de miras.

El mismo Morazán al expatriarse, comprendió lo endeble de esa situación, con la cual no podía enfrentarse a la oligarquía dominante en Guatemala, aun sabiendo que tambaleaba tal oligarquía a los embates de su propia inseguridad acerca del porvenir.

Si El Salvador hubiese contado con una mayoría federalista y decidida, Morazán se habría jugado la carta, puesto que en juego definitivo estaban la vida y las instituciones de la República y su prestigio personal y político, identificado por las circunstancias con la suerte de los cinco estados.

Ello explica la llegada de Malespín, que no estuvo solo, como se quiso hacer creer, ni sólo atenido al apoyo y consejos del Obispo Viteri: lo confirma la larga dominación del Dr. don Francisco

Dueñas, desde Ministro del General Guzmán hasta amo de El Salvador.

Las confirmaciones posteriores no es preciso traerlas a cuento por no influir en el asunto primordial del libro; todas fueron consecuencias malespinistas o de malespinistas.

3. —La situación propia de Honduras no sufrió modificación en la esencia, a pesar de la dominación de elementos que habrían visto con agrado la mutación; y ello no era obra de trabajo alguno sino fruto de la propia índole de nuestro pueblo, que no fue nunca, ni es ahora, fanático clerical ni comecuras.

El hondureño va o no a la iglesia, cumple o no sus deberes religiosos: nunca dejó de cumplir sus obligaciones morales y legales. Apenas las montoneras con más frecuencia de lo deseable, herró a los ánimos la intolerancia politiquera, que nos ha desangrado y quién sabe si aun cobre nueva cuenta de sangre.

El General Morazán no comprendió nunca al pueblo hondureño, no obstante, de ser hondureño y tanto tiempo haber actuado en Honduras y con hondureños: si lo hubiera comprendido como era su triple deber de hondureño, estadista y político, no lo habría abandonado.

Si Morazán hubiese comprendido la realidad y la esencia del pueblo hondureño, no habría muerto la República de Centro América, no se habría entronizado Carrera en Guatemala, con sus funestas consecuencias para la Federación y sus pueblos, ni él mismo habría terminado sus días en días y manos miserables.

Si Morazán hubiese comprendido a Honduras, ésta se habría inmolado entera en favor de su Jefe; y no es fácil sacrificar un pueblo sufrido, consciente y heroico, como el pueblo hondureño.

dio la espalda a Morazán porque Morazán se echó en otros brazos que, sinceros y pocos, lo llevaron de escalón a escalón a su trágico fin, por incomprensión y por fatalidad.

Y a pesar de ese abandono casi desprecio constante, dos pueblos hondureños están asociados eternamente a todas las glorias de Morazán: Curarén y Texiguat; y con soldados hondureños y leoneses, impuso el respeto a la ley y a su alta investidura a los pueblos de El Salvador levantados contra él, primero con Prado, después con San Martin.

Honduras no tuvo otro remedio, librada a su suerte, que aceptar la oligarquía de dos espadas, un togado guatemalteco y un carpintero, a quienes después se endosó otro togado hondureño.

Aceptó, decimos, con la confirmación en la mano; el pueblo hondureño no eligió. para Presidente a Ferrera, ni dio el Poder al General Santos Guardiola, ni consagró para el Solio al Dr. Juan Lindo.

Protestas mudas de inconformidad, de inacomodación, dentro de una situación que no era la suya, la deseada; protestas vanas, protestas que registra la Historia. ante hechos que no podía radiar, sustituir ni mejorar, por no encontrar alientos ni apoyo que fuesen de su confianza.

4. —Ante la situación embozada y resumida en estos capítulos necesarios, y en tren ya de defensa de posiciones, las tres minorías nacionales se hicieron un nudo para soldar y consolidar la nueva situación creada por ellas; e iban sensible y directamente al cambio de situación en Nicaragua, que presentaba resquebrajaduras peligrosas para la estabilidad general.

Cualquier alteración de ese equilibrio tenía de crear ansiedades, aprestos y la guerra, como último término de solución, desde que "la guerra no es otra cosa que la continuación de la política por medios distintos, aplicando en el momento oportuno el oportuno remedio"

VII

A veces son los hombres, no los principios, los que forman los gobiernos.
SIMÓN BOLÍVAR.

1. —El golpe del 2 de febrero en San Salvador fue una declaración de guerra para Honduras, tanto más grave cuanto que sus fuerzas volvían del sitio de León, amargadas, cansadas y diezmadas; el flanco del General Ferrera quedaba descubierto en el momento que no estaba seguro de la ayuda de Carrera.

Nunca de ella estuvo seguro, ni aun cuando los corifeos de Carrera hartaban de zalemas y promesas a los enviados de Ferrera.

Esa falta de seguridad es una clave a las vacilaciones y algunos errores cometidos por Ferrera, que hizo una guerra ajena con sangre y recursos hondureños.

La reacción en Guatemala procedía con lógica; urgía el cambio en El Salvador, debilitándolo previamente; y no le convenía una Honduras fuerte, por más amiga que se presentase; desconfiaban del mañana.

Tal vez el Gral. Guzmán no se dio cuenta de la trascendencia del golpe, por cuanto obró en virtud de la mentira del General Gerardo Barrios de que Malespín había muerto en León; el temor a Malespín y a su partido era grande, y se apresuró a muñir y hacer firmar los pronunciamientos de las municipalidades a su favor, a fin de soldar la situación que le había creado el arrojo y liberalismo de los calvarios de San Salvador.

El General Ferrera pensó en obrar rápidamente sobre El Salvador, para controlar el evento adverso, del cual debía tener noticia antes de que estallara: había pretexto racional puesto que Barrios y Cabañas estaban en San Miguel ya el 31 de diciembre de 44, y así lo avisó en nota oficial; y aunque Guzmán dio explicaciones el siguiente 5 de febrero sobre que aquel pronunciamiento de Barrios y Cabañas se había extendido a todo el Estado, Ferrera persistió en penetrar no ya personalmente como fue su primera intención, sino por medio del General Santos Guardiola, quién desembarcó en la Unión y ocupó San Miguel, con solo doscientos hombres.

Entre tanto, el General José Trinidad Cabañas, mandando 500 salvadoreños, derrotó en Quelepa al General Malespinista Ramón Belloso, que mandaba 300 correligionarios y paisanos.

Realista —como se dice hoy—, el General Belloso, tras la derrota solicitó una entrevista al General Guzmán para arreglarse a espaldas de Ferrera y quizá de Malespín mismo; el hijo del General Guzmán nos cuenta que esa entrevista no se realizó, por los consejos y continua vigilancia del General Marín sobre Belloso y del General Nicolás Espinoza sobre el propio Malespín; pero es el caso cierto que la entrevista se verificó y que de ella nació el convenio de Jocoro, según el cual Malespín se comprometió a entregar el armamento que sacó de los almacenes salvadoreños para luchar en

Nicaragua y la imprenta, en que, en la tierra de los lagos, se imprimió "El Clarín del Ejército".

A veces nuestra historia se asemeja a un juego de niños, por más que —como en éstos— el fondo sea psicológicamente trascendental para los hechos o acontecimientos conexos.

Guzmán, conferenciando con su vencido, caliente, aún, sin retórica, la sangre derramada, exhibe la debilidad moral de su situación, puesto que Belloso no hacía ni quería ostensiblemente sino lo que quería y habría hecho Malespín, cuya causa y suerte sustentaba y en nombre de quién trataba, mal grado el consejo u orden para ello procediese de Ferrera.

¿Se trataba de evitar la guerra? ¡Quién sabe! Belloso había empujado ya su carro, y —en todo caso— el hecho demuestra que pensaron llegar a aquel fin aun con las vacilaciones de sus adversarios.

El Lic. don Braulio Carrillo, exjefe del Estado de Costa Rica, fue Representante de Malespín y el General Nicolás Angulo, del General Guzmán; pero Ferrera objetó el convenio y no se llevó a efecto.

Cada uno comprendía que el otro pretendía ganar su tiempo, lo que no fue óbice para que el General Guardiola —a la sombra del efímero convenio de Jocoro— desocupase el territorio salvadoreño. Apuntemos aquí un incidente importante: Guardiola no sólo no contó con ayuda malespinista ahora ni nunca, sino que los pocos que iban en su columna se le desbandaron en la ciudad de San Miguel antes de la desocupación.

2. —Ambos contendientes, Guzmán, principalmente, sabían que el polo de la cuestión estaba en Guatemala; y cada uno hacia allá, dirigió sus pasos.

Guzmán acreditó como comisionados a don Juan Antonio Alvarado y a don Cayetano A. Molina, quienes extremaron ante Carrera sus artes para evitar que auxiliase a Ferrera; y fueron engañados, a pesar de ser antimorazanistas, como no se hubiese engañado a un niño de escuela.

Ferrera acreditó a don Pablo Orellana y al Lic. don Felipe Jáuregui, elementos de la oligarquía guatemalteca en Comayagua: iba, por ende, mejor blindado, máxime cuando iba, para su propósito, a invocar el tratado defensivo de 23 de octubre de 1840, entre Honduras y Guatemala.

Fracasó, sin embargo, en la misión, engañado también; aunque se le dieron algunas razones que podían pesar en el instante por cuanto eran los días en que parecía galvanizarse el liberalismo contra los traidores. poniendo en peligro casi diario sus posiciones políticas y sociales. De este lado es que lo engañaron pues el Congreso Constituyente decretó el auxilio a El Salvador, que no se materializó porque Carrera se hizo el sueco, más que influyó poderosamente contra Ferrera.

El mismo Ferrera lo sabía y lo hacía así saber en comunicaciones reservadas a sus subalternos y agentes, a fin de que éstos no fiaran de auxilio externo, que por otra parte no creía menester: interesaba solidaridad, termómetro de la situación general, puesto que él estaba lejos del centro de las maquinaciones y entones no había la felicidad de comunicaciones necesarias en tales casos.

A casi un siglo de distancia, vemos hoy con luz meridiana que la guerra era inevitable, por ser elemento de existencia de ambos adversarios, que aprovechaban -como el ahogado-cualquier incidente para salvarse venciendo al otro.

Guzmán temía en el interior, y eso le impedía obrar más rápidamente contra Ferrera que, por su lado, no estaba ocioso ni durmiendo. Mientras Guzmán nombraba a los mismos Gral.

Nicolás Angulo y Lic. Braulio Carrillo, para buscar un arreglo con Ferrera, este mandaba al coronel José Antonio Flamenco y a otros treinta oficiales malespinistas a provocar la revuelta que depusiese a Guzmán.

Dejando a un lado los adjetivos que esas acciones-- merecen, digamos que al nombrar Ferrera sus comisionados para Chinameca, su juego estaba a la vista, y sólo un tonto de capirote - no so habría visto--ya se había emitido el acuerdo de 23 de marzo de 1845 en que Honduras tomaba bajo su protección al Gral. Francisco Malespín.

Era una declaratoria de guerra desarrebozada, como desembozada, aunque indirecta, había sido la de Guzmán el 2 de febrero anterior.

Si no hubiese sido la inseguridad de que ya hablamos, Ferrera habría liquidado la situación, a su favor, mientras se preparaban para

Chinameca; más fue Guzmán quien aprovechó la coyuntura para preparar los ánimos y los elementos de que disponía y esperaba.

Ferrera estaba listo, y sólo la tortuosa conducta de Guatemala hizo que perdiese la más preciosa oportunidad de saldar cuentas; y con el tiempo perdido por ambos pleiteantes, sólo Guatemala ganó, la hegemonía más que otra cosa, por el debilitamiento de todos.

4. —Permítasenos cuatro palabras sobre el llamado convenio de Jocoro.

El artículo 19 es algo más de lo que suena en su letra, no sólo en aquellos momentos sino ahora mismo. Es el principio de no reconocimiento de los Gobiernos de facto, que ya Honduras había propuesto y hecho aceptar en el tratado con Guatemala de 23 de octubre de 1840: en éste es explícito el compromiso de no reconocimiento de tales gobiernos.

Es la llamada Doctrina Tovar, que nos encajaron en el tratado General de Paz y Amistad Centroamericana Armado en Washington en la Pascua de 1923; pero el nombre de Honduras no sonó, ni suena como genitora del principio, quizá por su poco peso en el mundo, por su tacañería en gastar en propaganda en el exterior, y porque el Dr. Tovar la adobó bien, la escribió mejor y la lanzó a los cuatro vientos del mundo.

El artículo 2°, siendo consecuencia del 1°, es condicional; el mismo recelo de Guzmán respecto al malespinismo emboscado, era el de Ferrera en cuanto a la oposición que trató de regularizar, con mala suerte don Joaquín Rivera. Y del propio modo como El Salvador auxiliaba a la insurrección de Texiguat contra Ferrera, éste desplegaba cuanto era preciso para que el malespinismo diese buena cuenta de Guzmán: prueba más, si alguna faltara, de que ninguno de los dos procedía lealmente con relación al otro.

Con los artículos 3° y 4° Ferrera adquiría una ventaja muy apreciable, no sólo manteniendo a Malespín y a los suyos, con las armas propias, listos para la primera buena oportunidad, sino que esos elementos faltaban a El Salvador: un equilibrio que el destino llevó por cuanto siempre estuvo El Salvador mejor previsto que Honduras en instrumentos de destrucción.

Tenía amplia razón El Salvador de hacer molinete alrededor de ese armamento, que lo obligó a suplicar a Guatemala su auxilio y mandar comprar más armas a Belice.

De la súplica, por medio de los comisionados Molina y Alvarado, resultó el decreto de auxilio del Congreso Constituyente liberal reunido, dado en dos veces, porque las dos veces Carrera se negó a cumplir: sólo permitió después que las armas compradas pasaran.

Ese decreto de auxilio del Congreso Constituyente, de Guatemala está reafirmando la importancia y necesidad de haber resuelto la pugna en aquella hora: resuelta después por imperio de las circunstancias tan mal barajadas, no aprovechó a los adversarios.

Ya sabemos que revolución que no avanza, retrocede; y pareciendo, perogrullada en su enunciado, deja de serlo si se medita y comprueba.

Ya hemos dicho que por lo menos en este sólo caso Carrera fue leal a su alianza con Ferrera: no lo podía ayudar de ningún modo en aquellos instantes en que el mismo Carrera estaba como las estampas religiosas pintan a los ángeles. No ayudaría a El Salvador, eso sí, porque eso sería dar coces contra el aguijón.

Ferrera y Guzmán tenían que arreglarse solos y con sus elementos propios, aun cuando la oligarquía guatemalteca se mantenía en vilo porque en muchísima parte también se jugaba su suerte y su porvenir en el duelo a decidirse.

5. —Fracasado el convenio de Jocoro, El Salvador reclamó a Honduras sobre el acuerdo de protección a Malespín, en nota que constituye un ultimátum en toda regla, aunque sin plazo fatal. El Ministro Jiménez pedía una explicación franca y categórica sobre:

1° —Si ese Gobierno respeta el derecho que este Estado tiene, como ese, de que no se intervenga en sus negocios interiores.

2° —Si puede, como es de justicia, hacer que Malespín se retire del expresado puerto de San Lorenzo, negándole toda clase de auxilios.

3° —Si en caso de no hacer retirar a Malespín consiente, en que las fuerzas de este Estado le persigan en dicho puerto, allanando su territorio.

Guzmán se queja de que no se hayan contestado sus comunicaciones, y eso es falso; el Presidente don Coronado Chávez contestó siempre y en los anexos de este trabajo va al respecto una aclaración del Ex-Ministro de Relaciones Cisneros. Sin embargo, la aseveración le servía, como ha servido a historiadores parciales, a poco escrupulosos, para demostrar de lo de parte de Ferrera; y la doblez no existía desde que a la vista había tendido su juego y bien sabía la carta de triunfo que cada uno buscaba fuera, porque creía no tenerla consigo.

Don Coronado Chávez contestó satisfaciendo ampliamente el primer punto mientras de ello no resultara amenaza a la seguridad, bienestar y prosperidad del Estado: al segundo aseguró que Malespín no estaba en actitud hostil contra el vecino; y exigía que Guzmán no protegiese de manera alguna a los Texiguat ni a cualquiera otra facción que pudiese levantarse en Honduras, desarmando a los que llegasen a suelo salvadoreño y devolviendo a Honduras armas y equipos de los emigrados.

En cuanto a la amenaza, Chávez dijo en su respuesta que observaría siempre este principio: "ni causar males al Estado, por consideración, capricho o temeridad, ni hacerle cómplice de su ignominia por inacción, sencillez o debilidad".

6. —A pesar de que no cesaban los preparativos para medir las armas, y de que la guerra estaba resuelta por ambas partes, todavía se apeló a una nueva dilatoria y se firmó el convenio de Chinameca.

Ese documento es un modelo de perfidia, sobre todo el artículo primero, no en cuanto a los nombres estampados, de Honduras y El Salvador, sino en cuanto a los sinónimos de la emergencia, de Ferrera y Guzmán.

Honduras y El Salvador no necesitaron nunca de tratados y convenios para su recíproca estimación y consideraciones; no amor, porque es violentar demasiado el valor léxico, de los elementos del idioma; pero que Guzmán y Ferrera pudieran amarse, provocaría a risa si no fuese que ello, esa ironía costó sangre de dos pueblos amigos.

El Art. 2 es grave; El Salvador reconoce una vez más la ruptura de la Unión y se adhiere a ella sin violencia, con la mayor naturalidad del mundo. Luego, no ha sido verdad el federalismo del

General Guzmán, sino medio para escalar el poder a la sombra de un pretexto y no probado unionismo de su burgo; y en aras de su ambición satisfecha, también reconoce que Ferrera obró bien al tomar Honduras bajo su protección a Malespín.

El Art. 3 da —al fin— a Ferrera la seguridad que aquí había buscado tanto; pero tampoco hay lealtad porque los hechos en ambos bandos lo están gritando. Guzmán se reserva para cumplir, dar al asunto cuantas largas sean útiles al logro de su primordial propósito.

Pagando en la misma moneda falsa, Ferrera abjura, renuncia de su plataforma, dejándose imponer las estipulaciones de los artículos 6° a 11; pero —está claro— con la misma intención de no cumplir.

El Ministro Dueñas, mentor y dirigente de Guzmán, comunicó —no la ratificación— al allanamiento a ella, si se agregaban dos artículos en que se obligue a Ferrera, después del canje de ratificaciones, a la entrega inmediata de todos los enseres sobre que no baya discusión, más la mitad de los fusiles del inventario, y a disolver o concentrar las fuerzas de ambos, no pudiendo mantener sino las necesarias para el régimen interior, previo conocimiento y explicaciones del caso al otro firmante. —Púnica Fides.

El Gobierno de Honduras, por boca del Ministro Cisneros, no aceptó las adiciones e impugnó de nulo el convenio por la intervención que se dio a Nicaragua, sin conocimiento ni representación de ésta; pero siguiendo en la danza de aplazamientos calculados para mejor obrar, propone nuevas conferencias en Gualcinse a fin de zanjar todas las diferencias, todo ello suponiendo "al Estado de El Salvador animado del deseo de la paz y de evitar las desgracias consiguientes a una guerra desastrosa como inútil". — Púnica Fides.

Estos escarceos sardónicos eran el telón de fondo del teatro de la farsa: en la escena las cosas seguían en curso normal y cierto hacia el campo de combate: no era ya posible más dilatorias puesto que Guzmán y Ferrera habían agotado el repertorio de máscaras. Ganó Ferrera. Porque se hizo invadir, apareciendo agredido, con lo que calmó ánimos en su país.

7. —El General Gerardo Barrios, cuñado de Guzmán, y el General Trinidad Cabañas cuñado de Barrios, instigaban

constantemente a la declaratoria de guerra a Honduras: Barrios tenía valioso prestigio entre el pueblo salvadoreño y ocupaba a la sazón el cargo de Comandante Departamental de San Miguel; y Cabañas gozaba también de confianza y popularidad por su conducta rectilínea siempre y por su temerario arrojo.

Improbado, o no ratificado, el convenio de Chinameca, Barrios y Cabañas tuvieron en gran argumento a esgrimir en favor de la guerra que propiciaban y querían: ya Cabañas, con más de 1.200 soldados, estaba acampado en son de guerra, perfectamente listo, desde el 28 de abril, en San Antonio del Sauce a raya de la verdadera y legítima frontera de Honduras, descontando lo que adelante diremos al respecto.

Muy a pesar de los vínculos y valía, Barrios y Cabañas no habían podido imponer su criterio bélico, que chocaba abiertamente con el del General Angulo consejero de Guzmán, quién creía que la no ratificación del convenio no era caso ni motivo de guerra, puesto que cabía modificarlo, a falta de otros expedientes de carácter político.

No embargante, véase que apenas a diez días de la firma del convenio de Chinameca y a veintitrés de la reclamación ultimátum ya El Salvador tenía muchas de sus fuerzas en nuestra frontera desguarnecida.

Precisamente por ello el General Angulo no tenía mando efectivo de fuerza hasta ese momento: sólo ejercía el ascendiente moral de sus antecedentes de militar y político, por lo cual Guzmán lo había consultado en Zacatecoluca desde el mismo 2 de febrero famoso y encargándole del mando del 2° Cuerpo de Ejército, en formación en aquella fecha.

Todo eso justificaba al General Ferrera de haber mandado a Malespín a Gualcinse precisamente, al frente y comandando 900 hombres, cuando se vio que las conferencias propuestas para ese pueblo no se verificarían y que, como derivación, la guerra era ya sólo cuestión de días u horas.

A última hora el General Malespín no operó: lo hizo como jefe su segundo el General Manuel Quijano, el menos apropiado para la empresa, por sus cualidades y su pasado discutibles.

No hemos hallado ningún documento para fundamentar la suposición que nos asalta: es posible que los agentes de Ferrera en

44

Guatemala le hayan indicado la inconveniencia de emplearlo, desde que las cosas habían tomado cariz distinto, independiente del propio Malespín y aunque en la apariencia con ocasión de él.

A la oligarquía de Guatemala le convenía lo mismo que a la de Honduras: en sus cielos no hubiese nubes de ningún color, papel que estaba haciendo Guzmán entonces.

Si los oligarcas guatemaltecos hubiesen sabido en esa época, como supieron más tarde, lo bien que sabía servir el Dr. Don Francisco Dueñas, lo habrían empleado a él en el desenredo de la madeja y todo se habría evitado con ventajas.

Dueñas era un ambicioso, no vulgar: tenía talento, ductilidad y plasticidad, y en ningún ambiente estaba fuera del suyo, porque no tenía ninguno. Dueñas no tenía consigna ni bandera en los acontecimientos, si no afectaban su ambición y su deseo: Dueñas sabia esperar su hora; propiciándola concienzudamente, y sin desmayo, con paciencia de benedictino. Era una veleta con cerebro.

Este hombre era el alma de Guzmán, cuya presión talentosa y patriarcal no pudo esquivar, evitando la guerra con Honduras —que a Dueñas convenía— y en la cual lo único a ganar era lo que ya tenía. En cambio, a Dueñas la guerra le servía admirablemente, y no estuvo dispuesto a radiarla, como no se recusa el gordo de las loterías: eso era para él aquella guerra, y fue el único a quien aprovechó.

VIII

Ninguna Nación puede persistir
medio esclavo y medio libre.
ABRAHAM LINCOLN.

1. —Se había topado contra la pared y los acontecimientos no tenían va a la vista ni a la mano otro recurso que. la guerra; y el 24 de mayo el General Cabañas invadió el territorio hondureño, moviéndose de su campamento del Sauce, rumbo a la capital de Honduras, al frente de 1.400 hombres que pomposamente se denominó el ejército "Protector de la Constitución" que no existía.

El simulacro de federación paralítica, nacido del Pacto de Chinandega, y que funcionaba en San Vicente hasta el 29 de marzo, no tenía fuerza, cabeza ni directriz: las estipulaciones del Pacto, a pesar de ser más reglamento que otra cosa, no eran respetadas ni en El Salvador, que se las llevaba de unionista entonces.

Esa invasión tenía, además, la desventaja, sin compensación de operar lejos de sus bases y almacenes, sin enlaces efectivos y seguros y en país que no lo recibió como imaginaron los dirigentes salvadoreños, fundados y contando con el descontento contra Ferrera y su camarilla.

2. —Aun cuando no era necesario, porque estaba invadido su territorio sin declaratoria de guerra, Honduras decretó dos días después de la invasión el estado de guerra defensivo.

Choca a primera vista esa actitud, considerando que al igual del Salvador, había querido la guerra que ahora estaba en movimiento: la explicación no aparece muy clara, en los papeles que hemos examinado, donde sólo aparece un choque disimilado, entre el Presidente don Coronado Chávez y su Ministro de Guerra, G. Ferrera.

Chávez veía y pesaba los quebrantos de todo orden traídos al país, por la guerra de Nicaragua, auxiliando a Malespín, y la ya larga y desastrosa insurrección de Texiguat, que habían minado y mermado el escaso prestigio y buena voluntad con que contaba la camarilla en el Estado.

Ferrera, más optimista por el momento, que no menos previsor, confiaba en una campaña rápida y feliz, para cuya prueba el mismo se puso al frente del ejército que iba a operar por occidente.

Nosotros creemos que Chávez estaba en lo justo, en lo humano, aun cuando no pudo lograr evitar el desastre que implicaba la guerra desatada; y creemos también que, de haberse cumplido el decreto, El Salvador habría sido vencido en toda la línea, como lo demuestran las acciones libradas en territorio hondureño, exactamente para nosotros con las mismas desventajas apuntadas para el invasor.

Nos confirma en nuestra opinión, que corroborarán los acontecimientos en muchas partes, los que dicen los tratadistas, de entre los cuales copiamos a Vial: "Una guerra defensiva tiene grandes probabilidades de éxito, aun contra potente ofensiva. cuando se la conduce con prudencia, firmeza y método: cuando no se compromete al ejército, cuando se retrocede y con orden manteniendo al enemigo lejos de sus puntos de apoyo y de sus refuerzos: cuando se está favorecido por la configuración del terreno y sostenido por el patriotismo de los habitantes".

Podría haber habido duda en cuanto al patriotismo, por lo que queda dicho, más estamos ciertos de que no habría fallado tampoco puesto que la mayoría veía el hecho de la invasión, desconociendo los entretelones del sainete que la provocó y buscó.

Por otro lado, el Gral. Clausewitz asienta que "una defensa eficaz es sólo la preparación para una ofensiva victoriosa"; y tratándose de un alemán, que nace y vive para la guerra, --su verdadera industria -la máxima es cierta con la comprobación -que de ella ha hecho la experiencia, de donde también fue deducida.

3.-Antes de ver el desenvolvimiento de la campaña, veamos los recursos de los adversarios.

No intentaremos observar nada en cuanto al medio físico porque casi por igual afectó a ambos bandos, siendo que tanto en El Salvador como en Honduras la Historia, la Geografía, y la Economía se compenetran ostentando-mutatis-mutandi-las mismas características; y no podían influir ventajosamente sobre el uno en contra del otro.

Las distancias quizá, más grandes y ásperas en Honduras, pudieron sernos desventaja, que al final no lo fueron a causa de que las operaciones bélicas no se alejaron gran cosa de la frontera común.

En la ruta del progreso, material, especialmente, El Salvador ha llevado la ventaja a Honduras, merced a la laboriosidad del salvadoreño, por causas que no son en él ingénitas y sí, impuestas por su suelo, el más pequeño de la América, Central, y en ese punto segunda en lugar en América, pues en extensión superficial sólo es menor la de Haití.

En los 34.126 km. 2 de El Salvador viven actualmente casi dos y un cuarto millones de habitantes, lo que le da una densidad de 65 habitantes por kilómetro cuadrado.

Honduras con una superficie de 154.305 km. 2, cálculo en proyección horizontal, -no tiene sino muy cerca del millón y cuarto de habitantes y una densidad de 9.7 por kilómetro cuadrado: lo que equivale con El Salvador a una relación de: 2.25:1.25; pero en 1845 esa relación se elevaba a :: 8:2.

A pesar de todas las desventajas, el valor--como hemos dicho compensa en el soldado hondureño cualquiera otra desventaja, y sobran ejemplos como el de los 175 texiguats que en Gualcho murieron matando, con lo que consiguieron detener la masa del enemigo, base de la espléndida victoria.

Nuestra opinión es interesada, y por ello véase la ajena, que en seguida exprimimos.

Después del golpe que hizo al Gral. Carlos Ezeta Presidente de El Salvador, surgieron las consiguientes dificultades para el reconocimiento, que Honduras tardaba en hacer, por lo cual varias veces se trató entre amigos, militares y políticos el mejor camino a seguir, por la importancia del asunto para una situación tan vidriosa.

Uno de los Coroneles del Estado Mayor, en una de tantas reuniones para aquel objeto, que se había vuelto callejón sin salida para Ezeta, dio a éste el consejo de las siguientes palabras: "Vamos a Honduras, General, y a sombrerazos botamos a Bográn".

Rápida, no se hizo esperar la réplica de Ezeta, así: "No digan eso, hombres. Si no fuera que son Ustedes, pensaría que eran mis enemigos, con semejantes consejos. Conozco esas tropas y las admiré en el sitio de Comayagua".

El General Don Luis Bográn era el Presidente de Honduras, y el sitio de Comayagua a que se refiere la réplica es el que tropas guatemaltecas y salvadoreñas unidas impusieron a la ciudad para ver de alejar a un hombre de la Presidencia que ellos mismos le habían dado.

* * *

La guerra civil de 1903 fue en Honduras larga y dura; y el Lic. Don Manuel Estrada Cabrera apoyó a una de las facciones en lucha, por mal disimulado interés político sirviendo de trampolín de arreglo a su sabor de la vieja cuestión de límites con Guatemala.

Visto que en las elecciones no saldría con la suya, Estrada Cabrera pensó en invadirnos a fin de hacer hablar a sus cañones en sus dos objetivos; y para obrar sobre seguro, trató de informarse sobre todo cuanto fuese atinente a su decisión.

Llamó al veterano Gral. Don Gregorio Solares, quién mostrando sorpresa por el audaz pensamiento, le dijo:

—Hice la campaña de Honduras por dos veces y siempre quedé dueño del campo, debido a la disciplina de mis tropas y al material de guerra. Siempre hice explorar el campo y nunca fue hallado un hondureño herido por la espalda.

—Son frugales, Señor, y soportan marchas dilatadas y disponen de excelentes posiciones.

No convencido, interrumpe Estrada Cabrera, preguntando:

—¿Cuánta gente se necesitaría para una invasión?

Tampoco Solares titubeó para contestarle así: "Como están divididos y dice Ud. que apoyará uno de los contendientes, podrían ir en vanguardia 8.000 hombres y la retaguardia 15.000. Unidos se necesitarían una base de 60.000".

El General Solares fue explícito y largo en honrosas apreciaciones acerca del soldado hondureño; y al cabo de ellas, Estrada Cabrera exclamó: "Haré lo posible porque el fusil chapín no mate hondureños".

No hubo invasión esa vez.

En lo más agrio de la disputa de límites, poco antes de las últimas conferencias en Cuyamel, quiso también Guatemala imponer la solución por las armas y 20.000 soldados se apostaron en gran trecho a lo largo de nuestra frontera.

No se produjo la invasión: en el Gobierno de Guatemala figuraban altos militares que estuvieron muchos años al servicio de Estrada Cabrera.

4. —En un estudio como éste no podemos ahondar en el asunto, que precisa una explicación ligera. Siendo más grande que ahora cuando los españoles llegaron a instalarse como nuestros amos, fue Honduras despoblada en las matanzas organizadas por las expediciones de don Pedro de Alvarado, por las carnicerías de la conquista en forma, por las luchas de indios entre sí, por los plagios de los españoles de las Antillas en refuerzo de brazos a los ingenios faltos de ellos, por la deportación ordenada por el Gobierno español de todos los que ayudaron o podían ayudar a los ingleses en sus rapiñas territoriales: entre las calamidades ni la peste faltó. Léase Fray Bartolomé de las Casas entre mil testigos oculares.

Llegaron después las carnicerías de la Federación, que hicieron estragos en Honduras, ya en huestes que salieron del mismo a defender la Constitución y el Pacto, ya en defensa del territorio contra los abusos de las autoridades federales desorbitadas: como remate, instaurada la república propia, llegó la matanza periódica en favor y en contra de los caudillos; y desde 1892 fue sacramental la revuelta cada cuatro años, amén de las que podían armarse dentro de cualquier período presidencial en cuatro años.

El Salvador sufrió casi nada por la conquista española, que Alvarado hizo como de encargo y urgencia: siendo un Señorío, no hubo luchas de exterminio entre las razas diferentes que lo habitaron: los estragos de la federación no fueron gran cosa, porque en mayoría los combatientes, a excepción de Espíritu Santo y San Pedro Perulapán, fueron de los otros Estados; y por su prolongada paz, los pocos estragos de Filísola y de dos o tres guerras con Guatemala, fueron pronto restañados.

5. —Siendo más pequeño en superficie y más poblado El Salvador ha labrado más su suelo, con el consiguiente mejoramiento en los métodos por el progresivo agotamiento del humus de ese suelo: nosotros hemos visto como sudan, de sol a sol, en las márgenes del Lempa, para sacar una cosecha desproporcionada al esfuerzo, y son las ribereñas del Lempa las mejores tierras.

En cambio, también nosotros hemos visto como en nuestras montañas le brillan los ojos de avidez y de satisfacción al salvadoreño que ha llegado donde nosotros a hacer su vida: lo hemos oído cuánto bendice nuestra tierra, que le rinde diez mil por uno, con la mitad del esfuerzo de su tierra y sin tener que sacrificar nada en pago del uso de la tierra, que en El Salvador es toda de propiedad particular de una casta privilegiada. El General Hernández Martínez está hoy comprando a precio fabuloso tierras que fueron ejidos y que el Doctor Zaldívar vendió por precios ridículos.

El hondureño no es haragán, ni menos ambicioso que el salvadoreño; pero no teniendo mercado ni remuneración el excedente de sus cosechas, ni habiendo cerca centros industriales para transacciones ventajosas, se limita a sembrar y a cosechar lo que en el año va a consumir con los suyos, sin contar los factores negativos de guerra o servicio militar de guarnición, cuando no cárcel o fuga por delitos cometidos bajo el influjo del alcohol.

El salvadoreño que vive en Honduras en nada se diferencia del hondureño; pasados dos años de su llegada, que le dan seguridad de comodidad y prosperidad, adopta la vida del hondureño, del cual ni siquiera físicamente se diferencia en lo general; las excepciones, que siempre confirman la regla, la forman artesanos, pseudo intelectuales y afines, de que después nos ocupamos porque se hace preciso desenmascararlos, sea que tengan o no misión o consigna oficial.

6. —De lo dicho anteriormente se desprenden dos ventajas del Salvador sobre Honduras, que influyeron poco en 1845 y que hoy influyen en cualquiera actividad lícita en que se parangonen, aun para sólo efecto de estadística.

Siendo el terrateniente la clase privilegiada, su número es reducido, aun cuando se ensancha, como los círculos que en el agua del estanque produce la piedra arrojada, con los elementos de las otras actividades vinculadas a los productos de la tierra; y eso es ideal para casos de empréstitos del Gobierno, que ni busca mucho ni trata con muchos, además de la ventaja--para esos prestamistas-del lucro de sus dineros, de los favores oficiales que los aumentan y de la seguridad prestada a sus intereses.

Con más población y más dinero, haciendo a un lado otros factores concomitantes o coordenados, El Salvador pudo y puede llevar o llamar más soldados y sostenerlos y equiparlos convenientemente.

Hoy es una potencia en el Istmo, con mucha, brillante y competente oficialidad, moldeada y sostenida a la chilena, edición americana, de Prusia; y los cariños, atenciones, desvelos y sacrificios de los gobiernos se concentran en el ejército, la niña mimada salvadoreña.

En la lamentable emergencia que nos ocupa, tuvo otra ventaja apreciable: la del armamento nuevo y bueno que el agente Camoyano compró en Belice por cuenta de El Salvador, que el Congreso Constituyente de Guatemala y Carrera permitieron que llegara por la vía de Izabal, y que estuvo en manos del ejército precisamente veintidós días antes del combate del Obrajuelo, donde se estrenó en carne hondureña.

En cambio, de esa grandísima ventaja de última hora, el soldado hondureño fue al combate con las camoyanas viejas; cuyo cartucho precisaba romperse con los dientes y cuya provisión eficiente a la línea de fuego, reducía los efectivos a un tercio de los contingentes, influyendo hasta en el orden de combate.

7. —Estaba, pues El Salvador en mejores condiciones económicas y materiales de lucha, descontando los errores de los oligarcas hondureños, que descuidaron hasta las influencias afectivas, místicas y colectivas que dirigen a los pueblos, como ha demostrado el Dr. Le Bon.

Aquella lucha no era un drama militar simple en que la táctica y la estrategia decidieron en manos de los generales, por la habilidad de los unos y las equivocaciones de los otros: era una lucha de tendencias, raspando ideologías; y aunque a veces se eclipsa la idea motriz, tenía que vencer ese ideal concretado en una idea madre y dirigente.

La idea matriz triunfante en esta vez no fue, sin embargo, la federalista porque para ello El Salvador carecía de toda clase de medios y afectos el triunfo fue de Ferrera, conservando el sistema separatista, y de Honduras conservado incólume su sentimiento y aspiración unionista al no ayudar a Ferrera, que en ese caso habría vencido en toda la línea,

He ahí las influencias de que habla Le Bon y que obran misteriosamente a pesar de las cábalas de los hombres: por eso no puede ser el Obrajuelo una gloria militar de El Salvador, como no lo es en otros aspectos, según tendremos oportunidad de verlo.

8. —Para fijar, siquiera sea aproximadamente, los contingentes militares de los contendientes, hemos tropezado con dificultades invencibles: los documentos oficiales -aun confidenciales—no dicen la verdad, o están adulterados, o se han perdido en todo o en parte; y los que hay se contradicen o desmienten, aun los de una misma fuente.

Se ve acomodo a determinados preconceptos de la época.

En los pocos números que hemos hallado es un logogrifo acertar con la verosimilitud: los mismos términos militares se usan arbitrariamente, no sólo contra la significación militar, sino contra la verdad gramatical. Así, una columna se equipara a un destacamento, usándose arbitrariamente como para llevar confusión al cómputo de efectivos: un cuerpo de ejército tanto vale una división como más de ella, si es parte del total en armas; y el mismo número arbitrario de cada unidad varía con cada autor, de modo que una división puede componerse desde quinientos hasta mil cuatrocientos hombres.

Estaba vigente "el Reglamento de Milicias activas del Estado de Honduras de 13 de Octubre de 1840, por lo menos en cuanto a la composición de unidades de combate y paz. El batallón tenía 600 hombres al mando de un Coronel: la Compañía constaba de 100 soldados, un Sargento 1º, dos Sargentos 2º, cuatro Cabos 1°, cuatro Cabos 2º, dos Tambores, al mando de un Capitán, auxiliado por dos Tenientes, dos Subtenientes y un alférez abanderado: la primera compañía iba al mando de un Teniente Coronel.

De las seis compañías de cada batallón, una era de dragones con un tambor y un pito; y el servicio era a pie o caballo, según conviniera, pero aprendían el manejo del fusil, aunque sus armas eran lanza y espada.

A pesar de esta ley, subsiste lo que dejamos dicho, por más que del lado hondureño se puede más fácilmente coger una punta de la verdad que hemos buscado.

Todo el maremágnum depende del criterio político del autor, en favor o en contra del beligerante, o del fin que se haya trazado para agrandar o empequeñecer un hecho o un acto militar, dependiente del acto político.

Aun los escritores militares, procedentes de escuelas militares, pecan del mismo defecto: dan más o menos efectivos según den más o menos crédito, a sus fuentes de información o de consulta.

Con todo, podemos fijar en esta ocasión que los efectivos militares de El Salvador en armas pasaban de los cinco mil hombres, en tanto que los de Honduras no llegaron a los tres mil: veamos.

El Salvador organizó tres cuerpos de ejército: el primero a las órdenes del General José Antonio Carvallo, que operaría en Oriente, con base en la ciudad de San Miguel: el segundo al mando del Coronel Domingo Asturias, que operaría desde la ciudad de San Vicente, en donde engrosaría con los reclutamientos ordenados en esa región: y el tercero, comandado por el General Indalecio Cordero y destinado a combatir al General Manuel Quijano en la zona de Chalatenango.

Los tres cuerpos bajo el comando supremo del General Nicolás Angulo, provisionalmente con cuartel general, en la ciudad de

Zacatecoluca, siendo el verdadero comandante en jefe del ejército, el General Gerardo Barrios.

Si con la arbitrariedad de términos militares dicha, suponemos que un cuerpo consta de dos divisiones y cada cual de éstas tiene ochocientos hombres, el total de los tres cuerpos es 4.800 hombres a los cuales agregaremos 800 de San Vicente, que da más porque era y es muy poblada. —Y dejamos por fuera los reclutamientos de los otros Departamentos del Estado que servirían como reservas de la guerra y concurrirían a la guarda del orden público.

Honduras no tuvo más que tres divisiones, cuyo número de unidades aumentamos porque así estaban organizadas; una de 900 plazas al mando del General Manuel Quijano, estacionado en el pueblo de Gualcinse: otra bajo las órdenes del General Ferrera, más o menos del mismo número, a operar de cobertura en el Occidente a donde fuese preciso; y la tercera, al comando del General José Santos Guardiola, con base en la ciudad de Comayagua o sus inmediaciones. —Comandante en Jefe, el propio General Francisco Ferrera.

Dejamos también fuera del recuento los reclutamientos para guarda del orden público, pero que aquí no podían servir como reservas, por las distancias a recorrer por veredas, que no por caminos: en el Sur, donde debió ser núcleo de reservas combatientes, por sus cercanías a los teatros de operaciones principales, no pudo ser así porque fue el único foco de resistencia armada y paz hostil a los señores de Comayagua.

Nótese que Honduras llevaba la enorme desventaja de tener enemigo dentro, en sus propias facciones que oteaban ansiosamente la oportunidad de salida de fuerzas; y El Salvador era una unidad sólida en un solo frente y buscando la resolución de un solo problema: hasta el malespinismo se aguaitó patrióticamente.

9. —También en cuanto al comando llevaba El Salvador la ventaja potencial: el General Carvallo era de los héroes de Boyacá y Bombona, dos florones de la corona de gloria guerrera del Libertador Bolívar; y el General Angulo era hombre sereno, reflexivo, capaz, miembro de la hueste heroica de las campañas morazánicas que-salvadas las dimensiones del caso, corren parejas con las del Libertador- de Cinco Naciones.

En nuestros fastos fue Carvallo quién abrió las puertas de la ciudad de Guatemala a Carrera, y en esta triste emergencia se le ve al lado y en defensa del General Guzmán, que se decía el polo opuesto del Gobierno retrógrado de Carrera: la duda asalta incontrolable contra la sinceridad de actuación de cualquiera de ambos; y Carvallo tal vez sólo alquilaba su espada.

No tenía Honduras ninguno para el parangón, salvo el denominador común de todos de deber sus galones los entorchados que ostentaban, a los campos de batalla, por méritos en campaña. -

Nuestros tres Jefes, con ligeras variantes, tenían las mismas características.

En Honduras no hemos tenido verdaderos militares, ni aun los egresados de nuestra fenecida Escuela Militar; y es porque el hondureño Nació guerrillero y sigue y seguirá guerrillero, por naturaleza y hasta por imposición del medio.

Enemigo o refractario a la disciplina, se encuentra descentrado en el cuartel y en todo lo que huela a milicia técnica: por eso han sido un fracaso los llamados ejercicios doctrinales —mascarada imperfecta de servicio militar— y el servicio militar obligatorio, del que se libran todos los que quieren, que no son nunca o, casi nunca los pencos.

En campaña es otra cosa en cuanto a comportamiento; el hondureño es valiente hasta la temeridad, sufrido hasta el estoicismo, arrojado hasta la inconciencia: la muerte o el peligro no tienen para él significación concreta cuando de combatir llega la hora por una causa que abrace; y siempre es enemigo de la disciplina, por lo cual los jefes sobran, no se les toma en cuenta, no existen a la hora de los tiros.

Por eso los militares graduados, y toda clase de Jefes, en los momentos de combate tienen que tomar el rifle y sumarse como soldados combatientes, no sólo porque algo deben hacer, sino porque de otro modo pierden todo respeto y consideración; porque la indisciplina del hondureño no implica desorden, intromisión o desacato: en el combate se limita esa indisciplina, al logro del objetivo ordenado por el Jefe, por los medios que ellos suponen mejores en el instante.

Nosotros los hemos visto frente al enemigo tomar sus posiciones, que defienden como tigres, y desarrollar sus propias iniciativas que es muy raro que fracasen aun con medios insuficientes o malos, y eso en guerras civiles, en que no les mueve patriotismo de verdad sino una fe partidaria y un afecto personal.

Es, pues, natural que no hayamos tenido jefes en el sentido estrictamente militar; y por otra parte, esas revueltas, esas guerras civiles no dan, no pueden dar al militar lecciones de ninguna clase en el arte de la guerra, puesto que son siempre guerras de encrucijadas, luchas de venganza, riñas de ambición en que se sobrepone el macho.

En lo que iban a tantas salvadoreños y hondureños, era en la actuación efectiva de sus generales en jefe: con lo dicho, ¿cómo podrían poner en acción principios tácticos y estratégicos del arte militar? cómo accionar en consonancia a los consejos de la historia, ¿de la moral y de la política?

No cabía nada de eso, ni es posible que quepa todavía en pueblos hermanos cuyo destino es, tarde o temprano, de grado o por fuerza, reconstituir la vieja nacionalidad que tanta sangre cuesta: unidos mañana si podemos aprovechar la Estrategia y la Táctica, etc. para defender nuestra nueva República de las asechanzas o amenazas que nunca faltarán.

Dios quiera que el cambio de frente que tendrá de dar el mundo, después de la victoria contra las fuerzas del mal y la barbarie, hoy ferozmente desatadas, también nos lleve a nosotros a ese cambio de frente regional de que deberá resurgir potente, sana y hermosa la vieja y querida República de Centro América.

IX

No hay cabello que no haga
sombra en el suelo.
ADAGIO.

1. —Dejamos al General Cabañas marchando sobre Comayagua, y vamos a seguirlo para presenciar su derrota, destino que fue siempre el suyo, a pesar de su arrojo, su valentía y decisión.

Como las dos acciones principales en territorio hondureño en nada casi influyeron en la marcha y éxito de la campaña general, hemos descrito de carrera la de los Llanos de Santa Rosa y con más detención la de Sensenti: en cuanto a la de Comayagua, vamos a copiar por extenso el parte del vencedor, sabiendo que hay en él alguna exageración.

Destaquemos de antemano que la principal importancia del combate de Comayagua reside en el hecho elocuente de que los hondureños descontentos no acuerparon al General Cabañas contra la camarilla dominante, a pesar de ser hondureño Cabañas y contar con muchísimas simpatías personales y del partido morazanista.

El parte dice así: "Comandancia General de la División Invicta. —D. U. L. Comayagua Junio 2 de 1845.

Señor Jefe de Sección encargado del Ministerio de Guerra.

Dando a Ud. el parte circunstanciado que le ofrecí en mi anterior digo: Que el enemigo dejó verse ayer tarde en la loma del Jeto y en la de San Blas, en número de mil cuatrocientos hombres más bien más que menos. Que amaneció hoy en sus mismas posiciones. Que a las siete de la mañana de este día comenzó a hacer distintos movimientos. Que a las nueve remitió Cabañas con un soldado, el oficio que original le acompaño.

Que del momento le di la contestación que le adjunto copia fiel. Que poco después de haberse recibido, se movió sobre esta capital por distintas direcciones. Que antes de las doce chocaba con una patrulla de cuarenta hombres que mandé se situasen en el Convento de Mercedes. Que internada dicha partida en la plaza, atacaron por la calle del Benemérito General Ferrera, y por la de San Juan de Dios y que en seguida hicieron lo mismo hacia las restantes, direcciones de esta propia plaza, que aún no habían tocado. Los fuegos que rompió, Señor, eran tan vivos cuanto semejantes a los de una carga cerrada. Les permití se posesiona sen de varias casas, tan contiguas a las trincheras, como las de los Señores Capitán Fernando Cevallos, José María Arriaga y Francisco Cruz. Pero cuando se hallaban en tales situaciones, hice que saliesen columnas por la derecha, izquierda y centro, más como observara que estos fuegos estaban a cuál más tenaces, salí mandando en persona la sección de volteadores. Más allá del citado convento de Mercedes, se incorporaron conmigo dos de las columnas referidas, con cuyas fuerzas y las de mis valientes volteadores, acometí sobre la reserva enemiga que estaba situada en San Sebastián, en número superior a la mía donde tenían colocada una pieza de artillería. Esta, los infantes y aun los de caballería, me batían obstinadamente, pero les hice una carga que no pudieron resistir; y luego huyeron tan despavoridos como los agresores injustos dejando a mi tropa llena de gloria inmarcesible; y por trofeos de aquella victoria remarcable, mucha correspondencia oficial y privada, a cuál más interesante.

Quinientos cincuenta y ocho fusiles, doce cajones de parque, doce barriles de pólvora en grano, una pieza de artillería, doscientas balas de ésta, y dos cajones de metralla, una bandera nacional; una caja de guerra; cuatrocientos veinte cartucheras, cincuenta lanzas; ocho pares de grillos, seis esposas, cantidad considerable de bestias; treinta reatas y otros útiles que omito nominar, y lo que es más, trescientos cincuenta muertos, entre los que se encuentran varios jefes y oficiales. De nuestra parte hubo poca pérdida, pero sensibles, pues mataron los facciosos nueve individuos de tropa y al Valiente patriota Juan Bones e hicieron cuarenta heridos contando con dos oficiales. Por cuanto toca, los jefes, oficiales y tropa, que tengo el honor de mandar, todos han peleado de una manera digna de la consideración del Supremo Gobierno; y lo comunico a Ud., para que se sirva elevarlo a su alto conocimiento, esperando que admita mis afectos.

SANTOS GUARDIOLA

"Adición. —Según un informe que da un prisionero que me han presentado ahora que son las siete de la noche, se deduce que aún hay botadas muchas armas de San Sebastián para allá. Haré que se busquen mañana sin falta alguna y de su resultado daré a Ud. el correspondiente aviso y le remitiré la correspondencia de que le he hablado.

GUARDIOLA.

El Ministro de Relaciones, Don Francisco Cruz, habla en documento oficial de haber habido más de cuarenta prisioneros.

Este desastre compensa de sobra El Obrajuelo, que, si fue decisivo en el orden político por razones fuera de la guerra, no lo fue de ninguna manera en el orden militar como, se verá pronto.

2. —El mismo día en que atravesaba nuestra frontera el General Cabañas, lo hacía por el Departamento de Gracias el General Indalecio Cordero, al parecer sin otro propósito que el de dividir la atención de los Jefes militares hondureños.

Aunque no hemos podido comprobar el itinerario, Cordero entró por las vecindades de la aldea de Olosingo, siguiendo a la vera del pueblo de Cololaca, para tomar paralelamente el camino del Higuito: esto le permitía internarse en nuestro territorio sin que fuese encontrado por fuerzas regulares destacadas por aquel rumbo.

Quién sabe si no desconfiaba, con razón aparente, El Salvador de la actitud de Guatemala, malogrado el tratado que ambas acababan de firmar y del permiso de la segunda para el paso de las armas compradas por el primero en Belice: en este caso la misión de Cordero sería estorbar o balancear el auxilio a Honduras, batiendo antes a su ejército de Occidente, lo que nos hace suponer que el General Cordero no pudo internarse con menos de una división.

El General Ferrera, que debía prever una operación de esa naturaleza por aquel rumbo, salió comandando unos setecientos hombres, de Comayagua por Ajuterique, Santa María, Yamaranguila, Guancapla, San Juan del Caite, Belén de Gracias, Colohete, Belén Gualcho, y Sensenti, para salir contra El Salvador —si era preciso— por la vía del Sumpul, abajo y por Mercedes de Ocotepeque.

Ferrera, además, buscaba ayudar a la invasión que a El Salvador debió verificar Guatemala.

De otro modo no se explicaría el comando de Ferrera por rumbos alejados de la capital, precisamente más peligrosamente amenazada por su cercanía a la frontera enemiga y al alcance de la facción interior que no se había extinguido tanto como para obrar despreocupadamente en región alejada, distrayendo efectivos que podían ser decisivos en algún momento.

Y ello explica la rápida vuelta al punto de partida, convencido de la soledad en que lo había dejado su empujador y soñado aliado. Ya desde este momento, no tuvo la guerra, para el General Ferrera, el interés que, hasta entonces, comprendiendo de inmediato que el aislamiento lo aguardaba: las fallas del curso de la guerra deben atribuirse en gran parte a esta desilusión y amargura, más que a incapacidad, desinterés directo o falta de elementos u opinión.

Cordero ocupó la plaza de los Llanos, donde derrotó una fuerza que mandaban los Generales Eusebio Toro y Ciriaco Bran, con todo y el denuedo de éstos y sus soldados. No fue fácil la victoria, como lo hace ver el hecho de que sólo para desalojar a los defensores de las casas de don Vitoriano Castellanos, don José María Cobos y Felipa López, le costó a Cordero dos horas de esfuerzos y lucha, en las vecindades de la plaza, hoy parque La Libertad.

Los defensores de los Llanos no pasaban de cuarto de batallón, unos 125 hombres cuando más, y eran la guarnición reforzada de orden público: pudiera inducir a error, en cuanto al número, la presencia de dos Generales: pero es el caso que Toro era el Jefe de la Plaza sin relación al mando de tropa que, por el concepto, caía bajo sus órdenes. El General Bran había llegado en desempeño de comisión militar del campamento de Gualcinse, al cual estaba agregado, y no podía dejar de combatir en la ocasión, por honor y camaradería de armas.

3.-No pudiendo el General Cordero sostenerse en los Llanos, aun con indiscutible triunfo en la plaza, emprendió viaje de regreso, llevando unos cuantos heridos que montó en otras tantas bestias requisadas en los Llanos; y para ese regreso, siguió casi el mismo itinerario que había traído cuando invadió.

Cuando caía la tarde del tercer día de viaje, se encontró de manos a boca con las fuerzas hondureñas de Ferrera, ya ambos sabían de sus respectivas presencias, sin que Cordero buscara empeñar acción ninguna, que juzgaba ineficaz y sin finalidad provechosa para él. No así Ferrera.

Con el río Higuito, protegiéndole la retaguardia, Ferrera atacó en pleno valle, que apenas pudo proporcionar a Cordero la protección de unas cuantas piedras esparcidas por la naturaleza, para evitar un descalabro, ya que el valle era perfecta ratonera para la fuerza.

Los últimos tiros, ya en la sombra de las ceibas, y las casas del pueblo, se dispararon tiñendo la noche, llegada en auxilio de Cordero, que así pudo seguir su camino a marchas forzadas, tomando el deshecho de Monte Redondo.

Ferrera volvió apresuradamente a Comayagua, no sin ordenar al General Manuel Quijano, que, siguiendo a Cordero, invadiera a El Salvador por aquel punto del departamento de Chalatenango.

Quijano cumplió la orden recibida: siguiendo de cerca a Cordero, lo obligó a presentarle acción, que se libró en el propio Monterredondo.

Cordero fuc nuevamente derrotado, y el departamento de Chalatenango quedó a Merced del vencedor.

Las operaciones de guerra se estancaron allí, no prosiguió la invasión a El Salvador y pareció que si al éxito final, decisivo y favorable a la vista no importase al General Ferrera ni fuese la lógica de la campaña.

4. —Un mes después del combate de Sensenti, con tres derrotas a los salvadoreños y sin que ningún evento militar hubiese hecho presión especial, el General Ferrera presentaba a El Salvador condiciones de paz.

Trataremos de explicar o completar de explicar esa incongruencia. Honduras estaba sola, es decir, el General Ferrera había sido abandonado a su propia estrella en causa que —en esencia y en verdad— no era suya.

El General Trinidad Muñoz, amo de Nicaragua, posición debida en mucha parte a Ferrera, no podía ni quería comprometerse: recelaba perder lo que tanto le costaba conseguir, y no alcanzaba a ver claridad favorable para él en el horizonte nublado de Centro América.

Guatemala no había cumplido los compromisos contraídos, en la confianza de los cuales Ferrera se había embarcado en la aventura de hacerle juego, sin riesgo. Tal vez se halle mediana disculpa a aquella inconsecuencia de la pretendida aliada en su situación interna: el Congreso Constituyente había destruido la cohesión de los componentes de la oligarquía, y el golpe de mano de 2 de febrero del año que nos ocupa contribuyó al malestar. Carrera se había visto obligado a separarse del poder con licencia; y aunque volvió en junio, estuvo frenando discordias sordas y pensando en nuevas licencias, que poco después le dieron.

Como síntoma de esa inquietud, véase en los anexos una comunicación del Lic. Jáuregui al Ministro de Relaciones de Guatemala.

En El Salvador, donde esas cosas no se ignoraban, el apoyo al General Guzmán se había convertido de aparente en real; y en fortalecerlo se ocupaban los prohombres como el General Gerardo Barrios. Ese apoyo y aquel conocimiento llevaron más hombres a las filas del ejército salvadoreño, y dieron a éste más coraje, más fe puesto que contaba con aliados, negativos en la guerra, más de efectos positivos en otros órdenes.

Visto tal panorama y de él deducida la pasión política, consiguiente, venida simultáneamente de Guatemala y de Nicaragua, puede explicar la oferta de paz del vencedor y que sirvió al Dr. Montúfar —y sigue sirviendo en su obra— para crear odios entre los dos únicos pueblos que en el Istmo no los tuvieron ni creo que los tienen.

Dos pueblos que no se odian, aun cuando alguna vez han olvidado la realidad de sus destinos y que el Obispo de Honduras, Dr. don Manuel Francisco Vélez, guatemalteco, sintetizó en estas palabras: "Nuestra patria ha sido y sigue siendo la causa de las guerras en Centro América y mientras Honduras y El Salvador, unidos en verdadero fraternal abrazo, no le opongan una barrera, seguirán bajo el yugo de la misma suerte".

5. —La oferta de paz se funda en una indemnización de cien mil pesos de entonces (unos veintiocho mil dollars) que, de no pagarse de inmediato, serían pagados por la Aduana de la Unión dada a Honduras en anticresis para ese sólo efecto.

El viejo incidente de los elementos de guerra dejados por Malespín, se zanjaba pasándolos a propiedad de Honduras.

Si El Salvador no quería indemnizar en dinero, podía ceder el departamento de San Miguel; y en este caso Honduras pagaría a El Salvador los cien mil pesos en la Unión, con la consabida anticresis del puerto y aduana.

Y en el caso de que a El Salvador le fuese imposible pagar los cien mil pesos e inconveniente la cesión de San Miguel, debería ceder a Honduras la parte del departamento de Cuscatlán que por Sur y Suroeste queda fuera del territorio que encierra el Lempa; y en este caso Honduras nada devolvería ni debería a El Salvador.

El Art. 4º vuelve a exigir, como tantas veces antes lo hizo, que El Salvador garantice la paz y la seguridad de Honduras con aval de Guatemala y Nicaragua.

No es tan clara la nota como para ver la exacta intención de ella, lo que no oculta que la cesión territorial, es la verdadera proposición; y ello se hace tanto más visible cuanto que El Salvador no estaba en posibilidad de pagar en metálico, siendo la anticresis del puerto un medio eficiente de fiscalizar toda su vida interna. El final de la nota sólo aclara una parte de la intención cierta.

No aprobamos la nota en ningún aspecto de la misma, lo que no quiere decir que no pensemos en que alguna razón hubo para ella. Nosotros no somos responsables del pasado, en tanto no deshonren el presente ni comprometan el porvenir de nuestro país.

Bien: descontado el que, respecto a la cesión de San Miguel, más de un título pudiera Honduras alegar ahora mismo, es incuestionable que la finalidad era reducir a El Salvador a su menor expresión geográfica, siendo como era una paja en los ojos de las oligarquías dominantes y no habiendo éstas hallado a Dueñas y Compañía para el logro de sus fines.

Si El Salvador cedía San Miguel, que entonces comprendía los actuales departamentos de San Miguel, Usulután, La Unión y Morazán, Guatemala se apresuraría a apretar el torniquete con el Art. 6° de su Constitución, reproducido en la de 16 de septiembre de ese 1845, y que dice: "En la presente Constitución, la disposición contenida en la de 1825 concerniente a Sonsonate, y extensiva a Soconusco, se ha de considerar como incorporada a fin de que jamás se alegue la prescripción".

Hay algo inexplicable en el tercer término de la opción presentada por el General Ferrera: el único departamento que "queda fuera del territorio que encierra el Lempa" es Chalatenango y no Cuscatlán.

Cediendo Chalatenango si se lograba el límite arcifinio para efecto cuya razón se da y no comprometía la existencia nacional de El Salvador, aun verificando la reivindicación guatemalteca, que abarca los actuales departamentos de Sonsonate, Santa Ana, y Ahuachapán; pero ceder Cuscatlán, en el centro sensible del país, era acercar al adversario a escasos kilómetros de la capital y dominar como corazón, todo el sistema circulatorio y nervioso de los salvadoreños.

Este hecho, disfrazado no tan hábilmente, es lo que nos asegura que en los términos de paz no había afán de tierras, de conquista como impropiamente reza la nota: era sólo el intento de reducir y atar al carro de los oligarcas guatemaltecos un puñado de hombres que por el momento aparecían más que eran díscolos.

Por todo se puede ver de dónde procedía el acto conquistador que firmaba Ferrera, que no es culpable en ello más que por su censurable condescendencia a un fin proditorio en beneficio de tercero y con perjuicio evidente para nuestro país; pero ya hemos explicado a Ferrera.

Su ambición de mando, su apego al poder era inmensos, e intensos, y no dejaría de complacer a sus compinches de oligarquías, que le aseguraban ese poder que llenaba su ambición y henchía su vida toda.

Además, por muy bien puesta que tuviera la cabeza, había de fallar o sacrificar su juicio tan claro, al ver a la mayoría seguir precisamente el camino que más lo halagaba personalmente, aun cuando no fue nunca fácil de dominar en todos los órdenes y aspectos.

No lo condenamos: merece benevolencia, si no perdón, que es mucho aun muerto como está. Habiendo buscado El Salvador para vivir sus últimos días, demostró que no obró por odio ni por venganza ruin, como El Salvador demostró --admitiendo--que conoció los verdaderos resortes de la trama que todavía nosotros no podemos exponer ni demostrar convincentemente.

X

No es el número el que da importancia
a una acción, sino las
consecuencias que trae consigo,
la magnitud de la escena y la
destreza y el valor de los actores.
WILLIAMS H. PRESCOTT.

1. —El Lempa se ha dicho que es un río unionista porque viniendo de Guatemala, pasa por Honduras y muere en el Pacífico salvadoreño: así a primera vista no podemos negarle veracidad al aserto, contrario a la realidad.

El río es separatista e ingrato; después de recibir vida en Guatemala, huye hacia Honduras, donde hincha el caudal que le asegura la existencia, pues todas las aguas de nuestras montañas al Sudoeste le caen para convertirlo en señor respetable y rico, que da energía, trabajo y riqueza al Salvador... En pago de ese caudal hondureño, no sólo sale de Honduras a la carrera, sino que, permaneciendo ingrato a la dádiva de corrientes y aluviones, se aleja o se mantiene a ras de nuestra frontera, separándonos en todo y para todo.

Cuando el Lempa se ha decidido en lanzarse al océano, a la altura aproximada de 88º 29.5° de Greenwich, lo hace dividiendo matemáticamente el antiguo territorio lenca de los dominios nahoa-pipiles, hoy salvadoreños; siempre separatista, por más que ahora ese territorio lenca, hondureño siempre, aunque sólo sea por la raza y la arqueología, sea salvadoreño sin mayor disputa ni cuestión.

No distante de ese gran río, bendición salvadoreña, se alza al Oriente una gran semi planicie, sembrada de pequeñas estribaciones, selvosas, entre las que se destacan unos cuantos volcanes, señalando la ruta marítima de su cadena centroamericana.

Casi en el centro de esa gran semi planicie, y en el cruce de las viejas rutas lencas, se halla la Hacienda del Obrajuelo, perteneciente al Municipio y Departamento de San Miguel, de cuya cabecera dista aproximadamente unos cuatro y medio kilómetros.

Su nombre dice claramente la actividad principal de los dueños y la capacidad de esa actividad: se llama obraje al lugar donde se hacen las manipulaciones indispensables para convertir el juquilite en añil, que tuvo mucha demanda y valía mucho dinero antes de que la industria alemana produjera sintéticamente ese añil, que tantos usos tiene en el mundo.

HACIENDA EL OBRAJUELO.—NUEVA ENTRADA

Casa principal de la hacienda EL OBRAJUELO en donde, según el Dr. David J. Guzmán, estuvo el Estado Mayor del General Nicolás Angulo, en la acción que se libró allí el 15 de Agosto de 1845.

El diminutivo de obraje sólo era, para aquel tiempo, un reconocimiento de haber otros de mayor calibre y producción: con ello queda dicho que los campos del Obrajuelo estaban sembrados de jiquilite en el momento que nos ocupa; y esos jiquilitales sirvieron a los combatientes en opuesta manera. A Angulo para apoyar su defensa y a Guardiola para estorbar su ataque, principalmente de su escasa caballería.

Fuera del jiquilite, se hacían otras siembras, como la de granos de primera necesidad, para llenar las de los mozos y servidores de la hacienda; y se tenía algún ganado vacuno para lo mismo, y caballar para los menesteres de locomoción y transporte de los productos cosechados cada año.

Parece que el Obrajuelo pertenecía entonces al Lic. Miguel Montoya, íntimo de Angulo, como que por su intercesión y valimento, Angulo pudo emigrar a Nicaragua cuando lo perseguía Malespín.

La situación topográfica del Obrajuelo se parece a la de muchas otras del territorio salvadoreño; y todas fueron centro de trabajo activo que se transformaron en centros de población, algunas hoy hasta con nombre, posición y caracteres de ciudades, en donde poco falta para llenar el gusto más exigente.

Está situada la hacienda en la misma planicie que San Miguel, con lomas bajas limitándola por el Oriente, en cadenilla de suaves ondulaciones y pendientes; salvo la más cercana, que yergue su cono perfecto de volcán a unos cien metros de la propia casa de la Hacienda y con altura de más o menos de ciento veinte metros sobre el nivel de su base.

El Obrajuelo era, y aun hoy es más, un cruce de caminos importantes: pasa por allá el camino real que iba de Honduras a San Salvador, vía Moncagua, Chinameca, Jucuapa, San Vicente y Cojutepeque: pasa el camino que va para La Unión, el importante puerto de la región: pasa el que va para Usulután; pasa también el que, por el Departamento actual de Morazán, busca nuestra frontera por La Paz; y es paso obligado de casi todos los caminos vecinales que enlazan los distintos poblados del centro de los Departamentos de San Miguel, La Unión y Usulután.

Hoy esos caminos vecinales de antaño son hermosas carreteras, asfaltada la troncal que va al Goascorán.

Esa ventajosa posición en un terreno, que se domina desde cualquier altura vecina, y la disposición de la hacienda misma explican por qué el General Angulo la escogió, sin pesar de dejar la ventajosísima posición de Lolotique, donde en vano esperó ser atacado.

La hacienda es hoy propiedad del Dr. Julio Enrique Ávila, quien ha introducido las mejoras demandadas por los tiempos para la mejor explotación y rendimiento de la posesión: dentro de la cerca general de piedra, que limitaba toda la propiedad hasta donde alcanzaba la vista, desde cualquier ángulo, las cercas de los potreros eran de troncos y palo de pique; y a distancia no mayor de quinientas varas, completaban el escenario del combate que vamos a tratar de pintar más que a describir.

En aquel tiempo, y en mucha parte hoy, la casa de la hacienda era uno de esos caserones típicos que aprendimos a construir de indios y españoles, de 21 por 45 varas, de adobes y bien repellada con mezcla de cal y barro: su techo formaba un caballete de cuatro aguas y cinco varas de altura hasta la cumbrera que lo remataba, siguiendo la dirección longitudinal. Ese techo sobresalía unas dos varas alrededor del cuerpo de la casa, constituyendo lo que entendemos por corredor volado. Dos puertas únicas, separadas unas ocho varas entre sí y abiertas al Poniente, eran las únicas para entrar o salir.

Las modificaciones posteriores no han variado sensiblemente la vieja construcción.

2. —El Gral. Guardiola invadió —como contra operación— El Salvador en los primeros días de Agosto, por el lado del pueblo de Goascorán; y el 7 estaba en posesión de la ciudad de San Miguel, sin dificultad alguna. Los habitantes en su mayoría la habían desocupado, tanto por la terrible fama de Guardiola como por orden de Barrios, General en Jefe, para privar al enemigo de abastecimientos.

No alcanzamos por qué Guardiola se encerró en San Miguel, trampa natural en una tierra que no lo podía soportar.

No es posición llave, antes, al contrario, vulnerable de cualquiera manera si se dispone de la simpatía de los habitantes y de fuerzas suficientes.

La única explicación que hallamos para ese tonto encierro--que hizo de Capua —influyendo en la moral de las tropas—, es la seguridad o sospecha fundada de que no sería socorrido en sus operaciones de guerra: las dificultades interiores, las desilusiones de Ferrera le aconsejaron internarse lo menos dable en el ajeno, territorio.

Sin embargo, para una acción de desgaste del adversario y para un combate como el del Obrajuelo, mejores posiciones se ofrecían a Guardiola, antes de San Miguel y en el mismo Departamento, sin perder el contacto con Honduras.

Al llegar a este punto nos volvemos a encontrar con la dificultad de fijar el contingente de invasión: el Dr. Montúfar habla de 900 hombres, cifra que repite el Dr. Rómulo E. Durón, al referirse al combate, pero afirma claro que invadió con 350, sin agregar cómo llegó el refuerzo de la diferencia: el Dr. David J. Guzmán habla de mil (1.000) soldados veteranos; y el General Ingeniero Pedro Zamora Castellanos dice que fueron 1.200 hombres.

Aceptamos la aseveración de mayoría por no poder probar ninguna, ni haber averiguado menos: tenemos presunción de menos, porque los soldados predilectos de Guardiola fueron sus célebres pericos, a causa del uniforme verde que usaban y caso número no pasaron nunca de 600 soldados.

Esos pericos eran para operaciones militares interiores, contra subvertidores del orden público; y sabiendo o conociendo los caracteres de nuestras montoneras, se vendrá a convenir en que el batallón completo era mucho en la mayoría de los casos, hasta para vencer las dificultades o resistencias de alojamiento y bastimentos.

La soledad de la ciudad de San Miguel, las caras de los que de ella no huyeron y una que otra pedrada sobre los cuarteles o soldados en las calles, indicaron a Guardiola que se había metido en la boca del lobo, por más que nunca esperara arcos ni flores.

Tales cosas, llamando a la meditación al más despreocupado —y Guardiola no lo era— lo indujeron a pensar detenidamente donde debía descargar el golpe que constituía su misión, su deber y su necesidad urgente.

El Gral. Barrios, Jefe en realidad del ejército salvadoreño, ordenó al General Angulo marchar sobre San Miguel, orden que fue atendida y por la cual se movió para situarse en Lolotique, habiendo en Chinameca reunido los cuerpos del Gral. Carvallo y del Coronel Asturias.

Y antes y después del movimiento del ejército salvadoreño hacia las posiciones convenientes, el Gral. Guardiola tuvo la mayor de las desventajas: el espionaje salvadoreño funcionaba a las mil maravillas, llevando a los jefes salvadoreños cuanto había menester para el desarrollo de sus operaciones; y el espionaje de Guardiola —si lo tuvo, falló en lo esencial—, llevándolo a la desventaja, que agravó su arrojo y su osadía conocidos.

Tratando de salir cuanto antes del aprieto, Guardiola se movió el 9 de Agosto sobre San Vicente, llegando dos días después a la Garita, a dos leguas sólo de las posiciones de Angulo en Lolotique, que recordaban a tirios y troyanos, los no marchitos y siempre reverdecidos laureles de Gualcho: Posiblemente Angulo no intentó desobedecer la orden de marchar sobre San Miguel; pero la marcha inversa de Guardiola lo hizo escoger posiciones intermedias, y su buena estrella no podía depararle mejores.

Guardiola recibió en San Miguel, la víspera de salir en su movimiento, comunicación del Gobierno salvadoreño, notificándole haber entablado negociaciones de paz con el Gobierno hondureño, y para cuyo logro le pedía desocupar el territorio de El Salvador; y que en el propio sentido se dirigía al General Quijano.

Conocidos como eran los juegos de los adversarios, parece que Guardiola no dio mucho crédito al contenido de la comunicación, pues de otro modo no habría emprendido camino a San Vicente ni habría estado resuelto a una definición por las armas, su deber hasta tanto el Gobierno de Honduras, por el debido conducto, no le diera las instrucciones u orden pertinentes.

No embargante vio la desventaja de atacar en Lolotique, ya que no pudo conseguir que Angulo se moviese fuera; y desanduvo el camino, volviendo a acuartelarse en San Miguel, a espera de órdenes, y donde no podía estar mucho tiempo, no tanto por la soledad y consiguiente dificultad de rancho para su gente cuanto por las deserciones que menudeaban en sus filas.

Ya hemos dicho que no era popular aquella guerra en el pueblo hondureño, lo que obligó a la leva forzosa para engrosar a los pericos; y ahora se agrega el hecho de no comer sino poco, relancino y a horas fuera de la necesidad. Todo sin dejar de haber en la debida cuenta el dicho célebre de entonces de voluntarios de Guardiola, porque amarrados los llevaban a los cuarteles o campamentos.

Este fenómeno de ningún modo constituye especialidad de Guardiola, pues se ha repetido bajo todos los Gobiernos impopulares o in extremis, en iguales circunstancias. Recuérdese-para el caso el celebrado telegrama del General Teófilo Cárcamo: "Le mando hoy los cincuenta voluntarios que me pidió. Ruégole devolverme los lazos".

3. —El grueso del ejército salvadoreño llegó a Quelepa el 13 de Agosto y la vanguardia a El Obrajuelo, donde todo se encontró al día siguiente, dispuesto ya el General Angulo a librar allá el combate pues que todos los factores lo favorecían.

Tenía el dominio de todos los caminos, menos el de los que van para Honduras en ese rumbo, en los cuales los ulasapas y los pasaquinas operaban con ventaja como guerrillas o francotiradores, aunque sin enlace ni objetivos especiales.

Estos ulasapas y pasaquinas, ejercieron un gran influjo en la moral de la fuerza hondureña, no tan dura como era de desear, por lo dicho atrás: su conocimiento minucioso del terreno, que era el suyo, la vecindad de sus viviendas por eso mismo, su extrema movilidad y el apoyo de sus conterráneos, inmovilizaron de hecho y antes del combate a Guardiola, obligado, además, a prevenir cuanta deserción fuese posible.

Angulo tenía el privilegio de la posición escogida y no impuesta: tenía libre y protegida la retaguardia: tenía enlaces incontables con sus bases de aprovisionamiento y refuerzo, en caso de necesidad; y lo que es mejor, esperaba ese refuerzo de un momento a otro y en efectivos capaces de empeñar por sí solos la acción a reñir.

Vio Guardiola todas las desventajas para él: y no queriendo retroceder, se clavó en San Miguel, en la esperanza de ser en ella atacado: tenía siquiera confianza en buenos parapetos de defensa en las casas, casi todas de adobes y bahareque: perdió en la apuesta con el tiempo, por la gravitación de tantas circunstancias opuestas, como hemos venido destacando sin ánimo de atenuar nada, y por la irreflexión del último minuto decisivo, fiado en su valor temerario y acosado por el influjo del grato extracto fluido de la caña de azúcar, que tanto acostumbraba.

Decidido Angulo a no dejar el punto escogido para su ventaja, apeló a la provocación, sabiendo que Guardiola no tenía entre sus virtudes la de la paciencia y no entendía de subterfugios cuando entraba como móvil el valor, pues el suyo rayó siempre en proverbio; y más de una vez le ganó a la misma temeridad.

Bajo esa impresión y conocimiento, Angulo destacó un piquete de caballería, mandado por el Capitán Manuel Estévez, para que —esquivando las avanzadas— penetrara en San Miguel, diera vivas y mueras en sus calles adyacentes a los cuarteles de Guardiola y acompañara los gritos con disparos a porrillo.

Repetimos que Guardiola habría deseado la decisión de las armas en la ciudad de San Miguel; y en pura técnica, la audacia de Estévez estaría probando la inconsistencia hasta de aquel deseo.

No era así; y San Miguel es una ciudad grande, plana y abierta por todos los cuadrantes. Guardiola quizá no confiaba muy mucho en la táctica que no estaba muy con él, cuanto en la estrategia.

Estévez tal vez se excedió en su cometido, también lo cumplió: Guardiola se limitó a reforzar las avanzadas, a poner los soldados sobre las armas y a esperar el ataque que estaba deseando precisamente en esa forma, en la ciudad.

Esto sucedía el 14 de Agosto, ya listo todo en el Obrajuelo desde el día anterior.

Al día siguiente, 15, la misma treta: ahora reforzado el piquete de Estévez, que también llevó el clarín del escuadrón para dar más verdad a la provocación.

Ya en esta vez Guardiola no pudo contenerse, y ordenó al Capitán Martín Jiménez que persiguiera a Estévez, quien se retiró a escape, haciendo fuego para poder ganar la hacienda a salvo: detrás de Jiménez salió el resto del ejército hondureño, cuyo Jefe a esa hora no sabía que Quijano había derrotado el día anterior al Gral. Cordero en Monterredondo.

4. —Antes de seguir, veamos el número de combatientes salvadoreños: el doctor Montúfar —favorable siempre a El Salvador— habla de que estaban en la hacienda la división de vanguardia y parte de la del centro: El Dr. Guzmán sólo habla de la división del centro, que era la mejor dotada pero que en San Vicente agregó un destacamento del Coronel Asturias; y don Manuel Jiménez dice de la reunión de los cuerpos de Carvallo y Asturias.

El Dr. Guzmán habla de la división como constando de 800 plazas, a la que se agregaron 1.000 voluntarios en San Salvador; y entre San Salvador y Cojutepeque engrosaron con 1.200 más.

Si suponemos la base de 800 hombres por división, habría más de 1.000 en El Obrajuelo, según el Dr. Montúfar; no pudiendo calcularse según el Dr. Guzmán porque éste cuidadosamente trata de hacer aparecer con más combatientes a Guardiola. No obstante, bien se lee entre líneas que sólo temían a Guardiola; y por consiguiente, contra él, es lógico que hayan descargado el mayor golpe con el mayor peso.

Atenidos al Dr. Guzmán, más interesado que el Dr. Montúfar por su doble condición de salvadoreño e hijo del General del mismo apellido, estimamos que en El Obrajuelo lucharon arriba de 1.800 salvadoreños; razonablemente dos para cada hondureño, sin contar las ventajas de las posiciones, libremente escogidas dentro de su propia casa.

Nosotros estamos seguros de que no eran menos: 1° porque a Cordero se le reforzó convenientemente, para enfrentar a Quijano, con los soldados de Cojutepeque, parte de los de San Vicente y todos los de Chalatenango: 2° porque Angulo reunió al suyo dos cuerpos independientes entre sí y con el de él: 3° porque ningún otro jefe salvadoreño tenía mando de fuerza combatiente: 4° porque no había contra El Salvador otra amenaza por cualquier rumbo: 5° porque Guardiola era el mejor Jefe militar en operaciones, y la zona oriental de El Salvador era militarmente la más importante; y en este caso, decisiva: 6° porque el General en Jefe, Barrios, era Comandante Departamental de San Miguel y en esa ciudad estaban los bienes del Vice-Presidente, Gral. Guzmán: 7°porque un militar sagaz y precavido como el General Angulo, no iba a aventurar con menos soldados que el adversario, pudiendo holgadamente lo contrario para mayor seguridad.

Y al haber admitido que Guardiola contaba con 900 hombres, no descontamos las deserciones porque en nuestras investigaciones no las hemos podido fijar y no queremos aventar una suposición: se nos hace cuesta arriba creer que Guardiola haya pasado de sus pericos y algunas decenas de aquellos que van a la guerra como a un negocio, sobre todo sabiendo que Guardiola prometía-y cumplía lo prometido

- manos y bragueta libres para los valientes, como años después lo hacía otro General a quien seguían de mil amores los plazuelas.

Tampoco contamos ayuda ninguna porque ella sólo pudo llegar del lado de los partidarios de Malespín, causa de la guerra; y el malespinismo brilló por su ausencia durante toda la guerra, pues no tenemos comprobada su inexistencia: sencillamente faltó a su palabra y a su deber partidario.

5. —A dar la orden de marcha tal vez recordó Guardiola el viejo adagio militar de que "La rapidez es un armamento", y la máxima, no muy vieja pero vieja, de cumplirse, de que "la mejor defensa, está en la ofensiva".

El General Zamora Castellanos en "Vida Militar de Centro América", dice que Guardiola se hizo conducir a El Obrajuelo por entre bosques y malezas, aserto que repite el Dr. Durón: son respetables ambos autores, lo que no obsta para que digamos que la realidad no concuerda con la aseveración.

Las tropas enderezaron por el camino real, puesto que seguían a Estévez y no podían escapar de la observación del enemigo; y algunos grupos buscaron el camino más corto, no para sorpresa-que no podía caber ya-sino por la costumbre hondureña de hacer las jornadas en entera libertad de movimientos y no en forma alguna militar.

No había bosques, por otra parte, en el pequeño trayecto de San Miguel a El Obrajuelo, lleno sí de malezas que crecía entre los jiquilitales: más ni uno ni otro podían servir a la tropa de Guardiola para una sorpresa —si hubiese cabido— dadas las provocaciones de Angulo, que envuelven necesariamente vigilancia constante.

También afirma el General Zamora Castellanos, que Guardiola tuvo pleno conocimiento de la ocupación de la hacienda por las fuerzas salvadoreñas; y tampoco ello concuerda enteramente con la realidad, pues el propio Guardiola creyó que sólo lo ataca ban y lo provocaban cuatrocientos hombres al mando de Carvallo: véase su parte, aun a pesar de las deliberadas mutaciones y adulteraciones que en esos documentos se hizo siempre, ya para agrandar el evento en el triunfo, ya para achicarlo en la derrota. Ni aun los documentos de carácter reservado —que siempre registran la verdad que por cualquiera razón deba ocultarse en documentos a ser publicados o conocidos— estuvieron libres de esa manipulación, que hoy es rémora para esclarecimientos de la realidad y de la pura verdad.

6. —El General Angulo, no fiando sólo a su superioridad numérica el éxito de la acción, dispuso previo el reconocimiento exacto del terreno, que el Coronel Domingo Asturias comandase el ala derecha, situada en los corrales de piedra de la hacienda al occidente: el Teniente Coronel Arellano, comandando el ala izquierda, y ayudado por el Capitán Fonseca, tomó posiciones ventajosas en las colinas que, en sucesión de alturas estratégicas, se alzan a unas cien varas de los cercos de la hacienda, que le servirán de áncora de emergencia, y ligación; y Angulo, con el centro y lucida oficialidad entre la cual el General Carvallo, se quedó en la propia casa de la hacienda, en vigilancia de retaguardia, listo para cualquiera vicisitud que el combate impusiese después de su pelea.

Una reflexión de paso: El General Carvallo fue, con el de igual grado Carrascosa, de los sublevados en Antigua Guatemala contra el Doctor Mariano Gálvez y ambos llamaron en su auxilio a Carrera para poder entrar a Guatemala, como entraron al fin con las hordas de indios.

¿Cuál era el ideal que decían defender los salvadoreños, entonces, y por qué culpar a Ferrera de la buscada alianza con Carrera?

Por su parte, Guardiola encargó el ataque a la derecha salvadoreña al Teniente Coronel Juan López, su segundo en el Comando: el ataque a la izquierda fue encomendado al Coronel Francisco Barrios, que en la segunda fase fue sustituido por el Teniente Coronel Vicente Vaquero. No dejó centro de fuerza, que sólo lo constituyeron el escuadrón de caballería y unos pocos soldados de la impedimenta; y con ellos se situó en una de las lomas cercanas, listo también para volar donde su presencia y esfuerzo se hiciesen precisos.

Guardiola no pudo apoyar en nada sus columnas de ataque, ni éstas entre sí, tuvieron el enlace táctico necesario en estas emergencias, lo que fue factor importante de su derrota, que tampoco previó, como es lo justo en toda operación bélica.

El día era caluroso, como es corriente en aquellos parajes, e iba a ser la una y media de la tarde de ese día en que el Sol quemaba: era el 15 de agosto de 1845, día de la Virgen del Tránsito, según el Santoral de la Iglesia Romana.

Tarde caliginosa, tarde trágica en que de casi nada valieron el arrojo, el denuedo y la valentía del soldado hondureño, ante las cercas de piedra de una hacienda convertida en fortaleza, ante la superioridad del oponente, ante la fragilidad de la causa defendida, ante la traición de un Jefe no hondureña, en mala hora colado en sus filas para ayudar a sus comprovincianos.

7. —El Coronel Vaquero, formando la vanguardia de Guardiola cuando éste dio la orden de marcha, mandaba el único escuadrón de caballería con que contaba: había derrotado ya a la vanguardia salvadoreña, obligándola a replegarse a sus reductos; y cuando lo recio del combate empezó, Vaquero apretó sus filas, y a paso de carga intentó irrumpir en la hacienda, en un ataque frontal suicida, que fracasó. El fuego cerrado de la derecha salvadoreña se cruzó sobre él con el también cerrado fuego de la izquierda y el desesperado de la vanguardia que se replegaba.

No tuvo otro remedio que volver grupas y recibir nuevas órdenes del jefe, que en el momento no las dió. Estaba observando con interés —desde su loma— precisamente que la derecha hondureña parecía casi ajena al combate, en el instante en que los fuegos cobraban la mayor intensidad del primer empuje.

El Coronel López, sereno y consciente, se dio perfecta cuenta de que la llave de la situación era exactamente, y estaba, en el ala que le tocaba atacar. Si sus soldados, haciendo honor a su tradición, respondían a su voz y acción, el Coronel Asturias sería obligado a salir de sus atrincheramientos o a replegarse a la casa de la Hacienda: con ello se facilitaba un ataque de frente, con el mismo final.

Si el General Angulo acorría con las reservas, la derecha hondureña tendría facilitada su misión para irrumpir dentro de las posiciones enemigas; y si no acudía al auxilio, de Asturias, ambos deberían librar el último asalto en la propia casa de la hacienda, eje de todas las operaciones.

El Coronel López no sabía ni contaba con que nuestra derecha la mandaba un traidor, nada menos que cercanísimo pariente del General en Jefe salvadoreño; y como no lo sabía desarrolló su plan y acción bajo esa ignorancia, en que ninguna culpa le cupo ni le cabe.

Desplegó en combate sus 400 hombres prevenidos y provistos, y dio la orden: el ataque fue brillante el choque violento y animador. Los salvadoreños resistieron lucidamente las dos primeras embestidas.

El Coronel López, consecuente con su plan, trataba de sacar a Asturias de las cercas que le protegían y defendían; y para ello daba carga tras carga, a cual más salvaje, según lo permitía la rapidez en la provisión de cartuchos.

Hubo un momento en que pareció que la operación se consumaría y que la cuña hondureña desbarataría no sólo la misión de Asturias, cortándole el enlace con su centro, sino el resultado de la acción en el resto del frente.

El fragor del combate ensordecía, armando un barullo infernal la fusilería; en vano los clarines resonaban una y otra vez queriendo llevar las órdenes de los respectivos jefes y sus comandantes de alas, pendientes de las reacciones del adversario: ni podía fiarse en ayudantes de órdenes, casi imposibilitados de cumplir su cometido entre aquellas granizadas de plomo y humaredas, que semejaban campos de nieve por la blancura, ocultando todo al ojo humano más avisado y sólo rasgado en pequeños claros por ráfagas de aire caliente que buscaban escape, por ley física.

Guardiola no perdía detalle de aquella embestida y defensa salvajes, como no lo perdía Angulo de su lado, ambos en posiciones adecuadas para el objetivo; y mientras Guardiola sonreía, de satisfacción, Angulo fruncía el entrecejo y apretaba los dientes, de nerviosidad.

El ataque contra el cuerpo de Asturias continuaba feroz, sin interrupción: el Coronel López había logrado ya colocar a aquel en doble círculo de fuego que paulatinamente estrechaba más y más, consiguiendo por de pronto aventarlo de los cercos logrando el primer objetivo buscado: López, no obstante, estaba cuidando no exponerse a los fuegos que de la hacienda pudiesen hacerle por retaguardia, al ir cerrando el círculo de fuego: necesariamente esa operación dejaba al descubierto su flanco izquierdo, lo que no podía subsanar por haber empeñado todos sus efectivos en llegar a una decisión pronta de su parte.

Ya a esta altura, el Coronel Asturias ni siquiera iba a tener vía para pedir de auxilios, que veía necesitar de minuto a minuto, a medida que los hondureños lo encerraban: ya era medio círculo perfecto y doble, y los cercos de piedra de la hacienda estaban más al alcance de los hondureños que de él.

Comprendiendo también el General Angulo que aquella posición, la más cercana a su centro, era la llave de la acción, corre, veloz como el rayo, con dos compañías de su reserva y centro, donde nada notable pasaba, y llega en el momento preciso, en que las fuerzas de Asturias se pronunciaban en derrota. - Esas compañías las mandaban directamente los Capitanes Estévez y González.

Tras ímproba tarea y esfuerzo, logra el General Angulo que la derrota no se consume: su posición es comprometida porque los fuegos hondureños, por su localización e intensidad, no le permiten apoyar en todo el esfuerzo desesperado del Coronel Asturias, que se multiplicaba.

Se ve, obligado a la acción de flanco, para disminuir la presión, y se lanza a ella con la presteza y el denuedo que fueron cualidades del General Angulo, dentro del marco de serenidad. Se concretaba en otra forma el temor del Coronel López, que no podía remediar la situación, ya comprometido hondamente su propio éxito, aun cuando rectificó a tiempo sus filas y aflojó la tirantez de su arco.

Campo en donde según el Dr. David J. Guzmán se verificó la acción de El Obrajuelo el 15 de Agosto de 1845.

Don Joaquín E. Cárdenas en su libro histórico "Sucesos Migueleños" edición de 1939, página 263, dice que la mencionada hacienda está situada a legua y media de la ciudad de San Miguel, al Occidente.

Don José Antonio Cevallos en "Recuerdos salvadoreños", página 74, Tomo I, dice: que la hacienda está rodeada por el Oriente, Norte y Occidente, de pequeñas colinas; y en la época en que ocurrió la acción, tenía hacia este último rumbo unos grandes corrales de piedra adecuados para una defensa bélica.

La sonrisa del triunfo mantenía alto el espíritu del hondureño, y el choque fue espantoso en la nueva fase del combate, a pesar de la duración ya prolongada del mismo.

Obligado por el necesario nuevo dispositivo, López abrió el semicírculo en que apretaba al de igual grado, Asturias, dividió en cuatro secciones su fuerza y enfrentó sin vacilar a Angulo, apenas disminuyendo la presión primitiva: los golpes y contragolpes duraron sólo media hora de muerte.

El doble choque, ya contra el triple de efectivos salvadoreños, más de un tercio de fresco refuerzo, y corridas casi dos largas horas de desgaste en el duelo a muerte, rompe al fin la unidad de los hondureños, infunde el desaliento por el cansancio material y asoma la punta de la derrota.

Retroceden, acosados ahora, los hondureños ante la fuerza y arrojo del contraataque de sorpresa; y cuando van a recular, dominados y peleando, se presenta el General Guardiola en alto blandiendo el sable. A gritos de aliento y denuestos de rabiosa impotencia, logra galvanizar la tropa, que se contenga y que empeñe la nueva acción de la desesperación: esta acción fue más débil, no otra cosa que defensiva floja por imperio del respeto y subordinación al jefe presente.

El soldado, en estos casos no se engaña, y por instinto procura economía de vidas, buscando la retirada: fue lo que sucedió tras corto intervalo de más pelea, dura es verdad, más sin finalidad directa, que había perdido ya.

8. —El Coronel Francisco Barrios, jefe de nuestra ala derecha, enlodó su nombre, honor militar y reputación ciudadana: en vez de cumplir las órdenes que recibiera del General Guardiola, y empeñarse a desbaratar al Coronel Arellano, su orden de inicio de combate sólo fue para mejor servir los aviesos intereses que lo empujaban: fue flojo el ataque, sin ganas.

Era ese el motivo de que el General Angulo no se cuidara de librar acción con su centro, ni empleara éste hasta la última hora: fue por ello que el empeño en sostener al Coronel Asturias —aunque su deber de jefe— revistiese solemne y fuerte decisión sabiendo que en su izquierda nada podía pasar de muy anormal.

Sin embargo, si todo no les salió a pedir de boca a los salvadoreños y la traición de Barrios no se consumó, rindiendo para nosotros sus amargos frutos, obra fue de algo que hemos apuntado como defecto del hondureño para ser unidad de un ejército-militarmente organizado. Dos oficiales inferiores, el Capitán Martin Jiménez, y el Teniente Juan Gómez, al dar Barrios la orden del caso, ya nosotros creemos que igual habría ocurrido sin ella, se lanzaron con los hondureños contra las fuerzas del Coronel Arellano, con ímpetu demoledor y que los salvadoreños no resistieron mucho tiempo; pero reagrupados de inmediato, se trabó el combate, tan feroz como en la otra ala de ambos contendientes.

Las desventajas eran mayores en este sector que en el otro, porque los hondureños debían luchar más a campo raso contra el enemigo, resguardado y apoyado en las colinas más bajas, principalmente: a pesar del ardor y la valentía, los hondureños no vacían otra cosa que tratar de destruir al enemigo, sin estrategia alguna que les ayudara: como era natural, los frutos cogidos, aun siendo buenos como eran, no correspondían ni a los esfuerzos de los combatientes ni a las necesidades y órdenes del Comando.

En los mismos tiempos actuales, de difusión de conocimientos y amplitud de obligaciones y tareas, un capitán -y menos un teniente - puede dirigir en combate casi cuatro compañías nuestras de entonces: y los yerros era muy poco ante esa consideración.

A pesar de todo, el puro valor, el salvaje valor, estaba operando maravillosamente, hasta el grado de que, el ala salvadoreña comenzase a desconcertarse y a flaquear antes mismo que el ala del Coronel Asturias.

Intrigado, interesado el General Guardiola en el desarrollo y resultado eficaz de la acción del Coronel López, no creyó oportuno sustituir al Coronel Barrios: quizá temía alguna salida violenta de las reservas salvadoreñas antes del indicio cierto de una ventaja positiva, pues ahora sí sabía cuánto era el ejército que atacaba.

Cuando el momento lo creyó llegado, Guardiola ordenó al Teniente Coronel Vaquero asumir el comando que en mala hora fio en el Coronel Barrios. Vaquero que —con su escuadrón— esperaba órdenes como ya hemos dicho, actuó de inmediato pues estaba ansioso de mayor intervención en el combate: incitó a su nueva tropa a la intrepidez y fue corrigiendo poco a poco sin dejar de combatir, los involuntarios errores de más de una hora de fuegos que llevaban.

La osadía innata de nuestros soldados se vio premiada con el buen jefe en el momento crítico, y los fuegos y sus resultados fueron más visibles contra Arellano, que se vio obligado a volverse un nudo contra las colinas frente a la hacienda, por haber sido completamente desalojado de las cercas, que había defendido tenaz y brillantemente, rompiéndole su áncora de contacto.

Viendo y comprendiendo el General Angulo la situación desesperada ya de Arellano, después de que éste trató de impedirla por más de hora y media, destacó en su auxilio al General Carvallo con dos compañías de su centro. Momentáneamente el equilibrio se restableció, sin quitar por eso a los hondureños las posiciones conquistadas.

Los fuegos, avivados por los refuerzos, hicieron más brutales los choques entre ambos bandos por casi una hora más, en que se rehízo la moral salvadoreña y se resintió la nuestra por falta de esos refuerzos oportunos, que por segunda vez se le dieron al coronel Arellano: con esto quedó deshecho el centro salvadoreño, combatiendo en ambas alas para salvarlas del desastre en que se debatían porfiadamente.

El resultado final ya estaba a la vista: el desgaste, la fatiga y la falta casi absoluta de municiones, como en nuestra ala izquierda, inclinó la decisión al lado salvadoreño y Vaquero emprendió la retirada, casi cronométricamente con la del Coronel López.

La casi decisión en el ala del Coronel Asturias, que al fin no sólo reconquistó lo perdido sino que redobló el coraje para terminar a su favor, influyó a la vez en el ala derecha hondureña que se pronunció en derrota buscando San Miguel.

Las desventajas se agravaron para Guardiola, pues no pudo reunir toda su gente, sino apenas unos seiscientos hombres agotados: con ellos llevaba ya como doce minutos de luchar cuerpo a cuerpo, mientras Angulo buscaba rodearlo, cuando resonó entre los salvadoreños un grito colectivo de alegría, de regocijo ensordecedor.

Era que el General Guzmán, avisado previamente y habiendo vivaqueado en la hacienda de Umaña, llegaba con 800 hombres, frescos y con ansias de pelear: es la suprema prueba de la desconfianza de derrotar a Guardiola en aquella vez.

Era imposible ya para Guardiola resistir con sus 600 pericos derrotados a casi tres mil adversarios (2.600); y contra ello, no se declaró en derrota como esperaban los salvadoreños. Tenían de vencerlo peleando: la irreflexión se unía a la tenacidad para no aceptar la mueca del destino en aquella tarde sombría; y en la rabia de la impotencia, tentaba arrancar una desesperada decisión, haciendo que el enemigo pagase lo más caro el alago de la suerte.

La ferocidad del combate va no reconoció límites: los salvadoreños en masa formidable, subiendo la loma bajo el fuego mortífero de Guardiola, que había retrocedido hacia arriba, rodeaban a los hondureños que se defendían heroica y desesperadamente, ya doblemente a sabiendas de que el triunfo no era suyo.

Eran poco menos de las cuatro y media de la tarde cuando cesaron los fuegos de los hondureños: habían combatido como tigres más de tres horas y una sorpresa les impedía la victoria, que les habría quizá dado el esfuerzo supremo en el último instante por la ventaja de la posición.

Antes de declararse en derrota franca, todavía resistieron unos veinte minutos; y en retirada por las faldas opuestas de la Loma del Pleito, abandonaron el campo a su adversario y emprendieron el camino a San Miguel, dispuestos a vender caras las vidas para protegerse en el regreso, ya que no tenían de antemano protegida la retaguardia.

La falta de municiones puede ser —y es— causa de derrota: no es, sin embargo, tan verdadera y completa que imponga la huida en desorden como la impone la derrota táctica o estratégica: la prueba en este caso está en que los hondureños buscaron San Miguel que era ni lo más corto ni lo mejor hacia nuestra frontera, nueva prueba es la última lidia: en la Loma del Pleito, bautizado así en memoria de El Obrajuelo, situada como a 300 varas de la hacienda memorable, y sobre el camino a la ciudad de San Miguel, Guardiola riñó la acción más violenta aunque cortísima, antes de declararse en derrota, como atrás decimos.

9. —Tiñendo la noche entraban a la ciudad de San Miguel, en camino para la frontera: allá permanecieron hasta más o menos la media noche, aproximadamente cinco horas, durante las cuales saquearon la ciudad.

¿Podrá humanamente culpárseles del saqueo? Habían sido hostilizados mientras pacíficamente permanecieron antes del combate: esa hostilidad les privó hasta de comida; y luego los derrotan con una masa de hombres, los mejores soldados del Salvador, en una lucha desigual de más de tres horas; y volvían hambrientos para emprender, sin descanso, la marcha del regreso.

No hay razón humana para condenarlos: las mismas razones militares les indicaba no dejar al enemigo medios de ninguna clase para seguir tras ellos, como creyeron que sucedía ya. Las prácticas de los ejércitos de aquellos tiempos no eran las de después; y las desesperaciones de todo orden entraron y entran aun; como medios de vencer.

La ley militar no es la ley moral; y en todo tiempo el instinto de conservación sólo ha cedido el hambre de reproducción.

Los ejércitos marchan sobre sus estómagos, decía el Gran Corso; y tuvo y tiene razón, aplicado el apotegma no sólo para la marcha y lucha sino para todas las emergencias de una campaña militar.

10. —El Obrajuelo fue para El Salvador un espléndido triunfo, para la victoria le faltó la destrucción táctica de Guardiola, a quién ni siquiera persiguió, siendo que la persecución es una consecuencia lógica del triunfo en toda ocasión.

¿Por qué no fue perseguido Guardiola? Sin duda no fue compasión ni consideraciones: el General Angulo, el General Guzmán, el General Barrios, el General Carvallo sabían bien lo que estaban haciendo; y no iban a arriesgar, la suerte a nuevas acciones por la debilidad sentimental de un momento.

No persiguieron porque no podían: el temple militar de Guardiola imponía respeto, aun derrotado, y sabían que era capaz de otro combate desventajoso al abrigo de San Miguel, donde el Gobierno salvadoreño no tenía seguridad de dominar en la opinión, aún a sabiendas de que era adversa a Guardiola.

Todo ello indica que, muy a pesar del triunfo, las tropas salvadoreñas no quedaron bien paradas; y es lógico creerlo, puesto que en dos veces estuvieron derrotadas en sus propias posiciones.

No pudieron, pues, sacar las fuerzas necesarias a su flaqueza, no quedándoles otro remedio que el consuelo de dormir sobre el campo de combate, haciéndose la ilusión de una victoria, perseguida y no lograda.

11. —Se ha hablado mucho de las pérdidas de Guardiola, y no nos ha sido posible establecerlas: él dice que tuvo seis muertos, entre los cuales la mitad oficiales, quince heridos, y cincuenta desaparecidos.

El General Zamora Castellanos habla de la muerte de la Plana Mayor y cuarenta soldados: es la versión simplificada del Dr. Montúfar que habla de la muerte de todo el Estado Mayor y cuarentitantos soldados, a los cuales se agrega un número sin especificar de soldados que se hallaron entre los espinales de los alrededores de la Hacienda, y de 300 fusiles capturados y muchos prisioneros: el Doctor Guzmán ya no da por muerto el Estado Mayor sino prisionero, con 134 soldados, más 110 muertos y 150 heridos; pero repite la captura de los 300 fusiles, a los cuales agrega municiones, equipaje y correspondencia.

Empecemos por decir que todos tratan de destacar la importancia del combate de El Obrajuelo, que nosotros no negamos antes bien resaltamos, acompañándolos en la versión, pero esa importancia fue más política, derivada de la acción militar.

El Estado Mayor ni fue muerto ni fue hecho prisionero: su jefe, el después General Juan López, murió tranquilamente en Tegucigalpa en 1882; los prisioneros fueron sólo trece, que el propio Dr. Montúfar registra con sus nombres tres páginas adelante de la narración del, para él, desastre hondureño; los muertos deben haber sido sólo 37, diferencia entre los cincuenta desaparecidos y los trece prisioneros devueltos; y al admitir ese número es por no saber si reaparecieron vivos algunos más de los dados por desaparecidos, ya que según la regla militar corresponde un muerto y uno o dos heridos a cada prisionero: la caballería no fue destrozada, pues fuera de una carga, durante el resto de la acción actuó como infantería en el centro: equipajes no hubo y correspondencia había quedado en San Miguel al cuidado de un pelotón que al resguardo de otros menesteres se dejó.

Hemos dicho por eso que El Obrajuelo no fue victoria salvadoreña, apenas triunfó: Guardiola quedó tácticamente intacto, tanto que con ligero resuello y reequipo en el pueblo de Goascorán, pudo volver a la carga desembarcando en el puerto de la Unión, el 26 del mismo agosto, y derrotar al General Carvallo al día siguiente, 27.

Nada podemos hablar de las pérdidas de El Salvador, porque nuestros esfuerzos de cinco años fueron infructuosos al respecto de toda la campaña, a pesar de emplear para documentarnos, cuantos medios estuvieron a nuestro alcance.

Conservadoramente se puede creer que son más o menos las pérdidas hondureñas: no eran invulnerables; y aunque los hondureños usaron armas inferiores, no eran frijoles los que dispararon. Los mismos muertos hallados entre los espinales no pueden ser por sólo hondureños.

Por otra parte, fueron los salvadoreños los que pasaron o debieron pasar la revista de campo, único medio de establecer bajas y botín; y si hablan de haber capturado 300 fusiles, número nunca aproximado al de la falta en el recuento de Guardiola, es incoherente e inexplicable que no digan el número de sus muertos y heridos.

Esos muertos y heridos pudieron ser menos que los nuestros mientras las cercas los protegieron: después es imposible y menos cuando La Loma del Pleito; pero El Salvador ha preferido guardar silencio ayer y hoy; y él sabe por qué.

Al decir que ha guardado y guarda silencio, es porque no conocemos documentos; e insistimos en la imposibilidad en que nos vimos para lograrlos.

XI

Al enfermo que es de vida
el agua le es medicina.

1º. La oligarquía guatemalteca había sido tomada entre dos fuegos: al intervenir aparentemente en favor de Honduras, no creía ni creía una victoria hondureña, consecuencia de la cual habría sido la restauración de Malespín o del malespinismo en El Salvador; y habría constituido fuerte dolor de cabeza porque Malespín sólo por tiempos se avenía a ser muñeco.

Y del otro extremo, mal podría aceptar la victoria, de El Salvador, tradicional adversario, ahora en tren de amoldamiento a la época, costumbres y anhelos de aquella oligarquía absorbente y desorbitada.

No pudiendo de la lucha obtener medias tintas, armaron de antemano el tinglado de la presión contra Honduras para vencedora o vencida, ofreciese o pidiese la paz: ya en este juego tuvo cartas el amo de Nicaragua, que olvidó deber a Ferrera y Malespín, la altura en que se hallaba.

Según los cálculos, la gratitud debía amarrar a El Salvador al carro de los oligarcas perdonavidas; y llegó matemáticamente esa presión, que Guatemala ejerció invocando los artículos 9º y 10º del fresquísimo tratado de 19 de Julio inmediatamente anterior y que suscribieron dos guatemaltecos: el Dr. Pedro Molina, con poderes de Guatemala, y el Lic. Felipe Jáuregui, con plenipotencia de Honduras.

El tratado sustituía al otro que obligaba ayuda a Ferrera; y fue un cuchillo amenazando alianza firme y clara con El Salvador, si no se le pedía la paz. ¡Era el colmo!

He ahí uno de los premios para quienes —como Ferrera—debían a extraños la satisfacción de su sed de mando.

El 16 de agosto, día siguiente al de la acción, el General Ferrera solicitaba el armisticio, bajo la duple presión dicha, y en los momentos en que el General Quijano ocupaba la plaza de Chalatenango, como consecuencia de su victoria de Monte Redondo la antevíspera; y cuando el mismo General Guardiola se reabastecía para volver a la carga.

Guardiola se quedó en seco: el propio día que desembarcaba en el puerto de La Unión, se firmaba el armisticio del Sumpul entre los Generales Angulo y Quijano. La paz que tal armisticio indicaba se firmó en el pueblo hondureño de Sensenti, el 27 de Noviembre inmediato posterior, por los delegados don Cayetano Bosque y don José Antonio Jiménez, por El Salvador; y Dr. Juan Lindo, don Joaquín Aguiluz y don Carlos Herrera, por Honduras.

Se firmó la paz por una ironía, en el teatro de la derrota del General Cordero, mientras las fuerzas hondureñas ocupaban territorio salvadoreño y no había —ni para remedio— un solo soldado salvadoreño en nuestro suelo; todo bajo la mirada celosa del delegado de Guatemala, don Joaquín Durán, de triste e imperecedera memoria al lado de Carrera.

He ahí uno de no pocos casos en que no expresan la verdad, toda la verdad, ni de ella son trasunto, los documentos públicos: según los antecedentes, el tratado es concreción de una completa decisión bélica favorable a El Salvador; y Honduras se veía compelida a confesarse derrotada cuando de cinco acciones de guerra libradas había ganado tres, empatado una y ocupaba el suelo ajeno para obtener real victoria militar, a pesar de sus empujadores, convencida plenamente, tardíamente de que la lealtad a los pactos era moneda falsa ante y para ciertos círculos políticos.

Ya sin culpa ni intervención alguna de Honduras, caro pagaría El Salvador el apoyo y la mefistofélica alianza con Guatemala. Dios tarda, pero no olvida.

2º. ¿Cabe crítica al combate de El Obrajuelo? No. Le cabe censura completa, como le cabe a la campaña toda, descuidada en su esencia por la camarilla de Comayagua; esta estuvo pendiente, más tiempo del necesario, de las caras que harían los cofrades de Guatemala; y subestimó en todo y hasta el final el esfuerzo y los sentimientos del pueblo salvadoreño, que quiso ver sólo por los ojos interesados y si es o no es miopes del Obispo Viteri y Ungo.

Ahora bien: ¿esos ojos del Obispo de El Salvador, representaban el punto de vista de Guatemala y la adaptación a éste del malespinismo a quién bendecía y servía?

El malespinismo se hizo ojo de hormiga, y en ninguna forma ni momento se le vio ayudando al esfuerzo de Honduras, embarcada en el averiado bajel de Malespín. Los documentos en que el General Ferrera apeló a éste, de acuerdo con el propio Malespín, quedaron en la historia sólo para probar lo contrario del móvil que los dietó, y nos dicen hoy mismo, no que el malespinismo no tuvo vida real, cosa inexacta ante los hechos, tangibles, sino que no tuvo conciencia de sí y se fundió con sus vencedores paisanos, pues que ambas fracciones salvadoreñas pugnaban por servir—y mucho sirvieron -a los oligarcas guatemaltecos.

Hacer la censura entera de la campaña, o de la acción que nos ocupa, llegaría otro tanto de lo que hemos escrito, y no gustamos de los libros de muchas páginas, máxime en estos dorados tiempos de urgencias y máquinas. Bastan algunos puntos.

Guardiola sólo era General por lo que regularmente se es entre nosotros: su audacia, su temeridad, su irreflexión, eran condiciones sobresalientes de guerrillero: con tal, y obedeciendo a órdenes, Guardiola era insustituible, como lo demuestra su anterior actuación, sobre todo en el combate de La Arada en 1851.

Guardiola no se cuidó de bases de aprovechamiento, que tanto lo molestó: no dejó preparadas reservas ni gestión para que le llegaran en tiempo y lugar seguros: no hubo enlace en las operaciones previas ni en las del desarrollo del combate, que de lo contrario habría quebrado en definitiva la resistencia que le opusieron y que quebrantó por alas dando tiempo a refuerzos del adversario durante la acción: no aprovechó en su minuto los puntos débiles del enemigo aunque los tuvo a la vista, por haber empeñado de una vez todos los efectivos a su disposición, aun cuando menos en número, que lo obligaba a mayores precauciones tácticas: no tuvo puntos de apoyo militar, por lo cual, al flaquear una ala, se le vino abajo todo el andamiaje, y no pudo contrarrestar estratégicamente el mayor número: por la misma razón dicha antes, no cubrió sus flancos que perdió el teniente coronel López, y lo perdió a él mismo, dejando que llegara Guzmán, a quien no localizo en tiempo: no tuvo economía de fuerzas para los casos específicos que debió prever se presentarían: no previó ni tomó en cuenta la derrota, cosa natural en toda lucha, no dispuso de espionaje eficaz, etc. etc.

En la campaña general no hubo la indispensable unidad, coordinando las acciones de los distintos jefes: Quijano con un fácil triunfo, se va para Chalatenango, en vez de seguir al corazón de El Salvador. Parecía que huía de los salvadoreños, pues que tomaba los puntos opuestos a los que seguían aquellas fuerzas derrotadas y debilitadas.

A la cabeza de todo debería preguntarse quién o qué impuso a Ferrera como jefe a un salvadoreño, pariente inmediato del General Barrios: ¿por qué el General Francisco Barrios debía tener actuación tan destacada en el Obrajuelo pues que se le hizo Jefe de ala? Y habiendo comprobado la traición, frente al enemigo, en plena campaña y en el curso de un combate, por qué no se le fusiló, ¿antes de que se pasara con los suyos?

Este episodio tuvo más importancia de la que salta y no es preciso destacarla, cuando basta pensar en que Barrios conocía hasta los secretos del lado hondureño, para dejar de creer en que tuvo mucho que ver en el triunfo de los suyos, y en no poca parte de lo lógicamente inexplicable, sobre todo, en la política posterior.

No nos interesa la censura de las operaciones de El Obrajuelo, entre ellas la mayor, que pudo costarle caro si entre nosotros hubiese habido coordinación de la corta campaña: es locura concentrar sobre un jefe el grueso del ejército del país, dejando éste a merced de un atrevido. Fiaron en la inercia de Quijano y a la vista sólo estaba el terrible Guardiola, que convenía destruir cuanto antes, puesto que Honduras no tenía entre los elegidos, de la camarilla otro jefe más capaz.

No recordó, sin duda, Ferrera que Quijano era costarricense como Guzmán, y ambos muy cercanos parientes, además; por lo cual no es extraña la lentitud, la lenidad de Quijano, soldado que servía a todos, con lealtad parece que sí, pero sin interés en los fundamentos y objetivos de las guerras, que aprovecharon su espada.

Ese parentesco ayuda a explicar la confianza del General Guzmán, dejando descubiertos los sectores occidental y central de El Salvador, a merced de no importa qué maniobra u operación que no habría logrado controlar, reducir o vencer al General Cordero, único jefe salvadoreño por aquellas latitudes.

Nadie de los nuestros estuvo a la altura de su misión, ni de las circunstancias: parece que todos intentaban errar y que sólo por el honor no lograron totalmente su designio. Naturalmente que a la camarilla cabe la culpa original y mayor.

3º. Es presumible que Guardiola tenía orden de operar sólo en el Departamento de San Miguel, bastante territorio para fuerza tan pequeña; pero si hubiese actuado como verdadero jefe y tenida misión militar exacta, habría pasado sobre esas restrictas órdenes para lograr el objetivo primordial de la guerra. Paris bien vale una misa siempre, y la política lo habría absuelto en absoluto de la transgresión.

Habiendo, por su pasividad en San Miguel, logrado atraer hacia sí, el grueso y lo mejor del ejército salvadoreño, bien pudo burlarlo, dejando unos cuantos hombres en el mismo San Miguel, con orden de combatir a la defensiva o luchar en retirada, y volar él, a San Salvador o a San Vicente, llamando antes a Quijano para una acción combinada.

Entonces pudo escoger Lolotique para batir a Guzmán, y a Angulo, juntos o separados: la posición es ideal, y no es única, para el propio objeto en aquella sección: el caso era invertir el juego, aprovechando al enemigo.

De esa forma, y esquivando el ataque frontal, por ser el más costoso y arriesgado, pudo - sin gran sacrificio volver la situación a su favor, y dictar sus condiciones de armisticio bases para la paz, que el General Guzmán, se habría visto compelido a pedir, no sólo porque deshacían su mayor ejército, cuanto porque entonces quizá el malespinismo hubiese dejado sus nuevas politiqueras, en las que se mantuvo traicionando a sus crédulos protectores.

4º. Si no fue —como es la verdad— una victoria militar en El Obrajuelo, se impone alguna conclusión al respecto.

Aquella acción sólo fue el choque de dos grupos, bajo el pretexto de la federación; y decimos bajo el pretexto, porque Guatemala no la quería oficialmente y a su pueblo ni le importó entonces, ni le importa ahora, sabida de su superioridad: a Honduras no le afectaba el sentimiento, que fue y sigue siendo unionista: a pesar de todas las burlas y de todos los escarnios, jugados por los malabaristas: a El Salvador no le preocupó por estimar que lo jugado al Azar del destino era su existencia autónoma, lo que no dejaba de lindar con la amarga realidad.

Las camarillas que movían las escenas del drama no tenían comunión con sus pueblos, más que en la apariencia: más en el curso del tiempo la de Guatemala se confundió con su pueblo, lo que le permitió larga e indisputada dominación: la de Honduras estuvo fuera de su centro de gravedad, por haber torcido, he intentado torcer, los sentimientos y aspiraciones de un pueblo humilde, que se empeñó en sacudirse la camarilla, lo que mucho no tardó la de El Salvador, si bien en el momento de estos acontecimientos no era camarilla organizada, tenía raíces en la simpatía, que el pueblo sintió siempre por el General Gerardo Barrios, y éste empeñó esfuerzo y acción en establecer línea de separación neta con Guatemala.

De lo dicho se colige que las ideas federalistas en la lucha que termino en El Obrajuelo, no eran otra cosa que engrudo mal cocido, tanto para la política general centroamericana, como para la seccional de cada Estado. Sin embargo, El Obrajuelo fue un cambio de frente en esa política: murió la entera Confederación que existía al principiar la puja y ya de ello sólo se habló como por costumbre; y en esa conversión se hizo a un lado la Federación en cualquier forma y por cualesquiera reformas, lanzándose todos a vivir solos, buscando, las acomodaciones correspondientes; y los caudillos locales, separatistas o no, pudieron abiertamente cantar triunfo, que no victoria.

Aquel cambio de frente nos afecta aún, y nos afectará más y más cada día, si el verdadero patriotismo no se empeña a fondo en busca y conquista de la victoria federal, que entonces no podía haber ni hubo por haberlo impedido el triunfo militar.

XII

1º. La clara comprensión del General Gerardo Barrios, que en adelante y hasta la muerte fue casi un ídolo en El Salvador, vio la necesidad de contar con un bloque de defensa eficiente; y la clara consecuencia de esa comprensión fue a ver de su parte puesto, cuanto era preciso para un ejército.

Las guerras de la Federación y las de ellas derivadas, como secuela de las oligarquías vecinas en todos los rumbos, hicieron patente que el territorio salvadoreño seguiría siendo el teatro obligado de combate o de paso para lo mismo, a fin de cimentar y mantener la hegemonía guatemalteca.

Las agresiones hondureñas habían sólo sido una variante, un aspecto de esa hegemonía guatemalteca, impuesta ayer por la Colonia, mantenida por la República y enraizada por la oligarquía que formaron los pretendidos nobles y el Clero, apoyados por la masa que instintivamente gustaba de ella y ayudaba a empotrarla.

De modo que El Salvador se dedicó a combatir o a servir a Guatemala; pero no siendo nuestro objeto esas luchas, sólo apuntaremos que fue precisamente el General Barrios quien -al subir a la Presidencia--llenó de materiales los almacenes de guerra y se preocupó de la instrucción del ejército, que previamente formó.

2º. Después de Barrios todos los mandatarios de El Salvador, han puesto sus desvelos, su cuidado y su interés máximo en mejor preparación militar, cada día; y así, tras el primer instructor colombiano, llegaron una misión militar francesa y más tarde una chilena.

Fruto de esos empeños ha sido la creación de una selecta oficialidad, que hoy constituye la casta dominante y lo será *ad aeternum*: en cambio, no hay verdadero ejército, porque ciertos recelos de orden interno lo desaconsejan, contando con que, en una emergencia fatal, aquella oficialidad sacara buen provecho del soldado salvadoreño, valiente y sufrido.

En Centro América no ha habido cobardes; y las traiciones han sido relámpagos de verano.

El militarismo salvadoreño, salido del molde que propugnó Barrios, es una consecuencia en su organización: su escaso territorio está en poquísimas manos, extranjeras las más fuertes; y la explotación de las enormes fincas de café es una esclavitud a ojos vistas.

La industria adventicia que se ha logrado desarrollar no ha hecho más que empeorar la suerte del peón y el proletario, que ya algunas veces manifestaron su descontento hasta por vías de hecho.

El militarismo es el freno imprescindible para que ese pueblo, que ha soñado imponer las añagazas comunistas, no se desmande, y se haga su justicia ante las desigualdades, a lo mismo sirviendo la plétora de abogados, que allá no tienen la salvación de hacerse generales para dominar una situación y convertirla en su provecho.

Sobre el militarismo está el Clero todopoderoso que, pudiendo dominar en absoluto por el elevado analfabetismo, precisa aliados para no perder sus prebendas. La erección en arzobispado fue eficaz medida de policía en un pueblo que no puede moverse porque, como dice un dicho popular, si jala se ahorca.

3º. Bien: las anteriores consideraciones sirven sólo como ilustraciones: a nosotros no nos importa que El Salvador haga de su capa un sayo: no nos importa que crea, como muchos de sus dirigentes, que es una potencia que influye en el equilibrio del mundo: no nos importa que se crea una Prusia, aun cuando su organización, sus puntos de vista y sus pujos de espacio, vital, nos puedan ni nos deban ser del todo indiferentes; y en fin, tampoco nos importa que la marcha al Este, que predica Prusia, El Salvador la predique hacia el Norte.

El adelanto material que El Salvador ha logrado al amparo de la paz impuesta por los rifles nos satisface y nos mueve a desear que no se interrumpa; antes bien se complemente con avances ideológicos constructivos. No tenemos envidia: la sinceridad de ello no necesitamos probarla, pues las pruebas abundantes están a la vista de quien no prejuzgue y vea normalmente.

Lo que nos importa es que los hondureños no sean sorprendidos en buena fe respecto a la buena vecindad del hermano y amigo. que consagran los protocolos diplomáticos.

Lo que nos importa es decir a los hondureños que aun sueñan con justicia y buena voluntad en política, internacional, que no deben cerrar los ojos a la realidad: podrían despertar como Varsovia en la guerra que está terminando.

Lo que nos importa es predicar a los hondureños, como tantas veces lo hemos hecho ya, que, de no venir pronto la República de Centro América, vivan prestos a defender nuestro íntegro patrimonio; y para ello, parar mientes en los intereses más allá de nuestras fronteras, apoyando a colorados y azules a fin de que la paz no nos haga tan fuertes como para anular cualquiera combinación que nos afecte.

4º. Ya desde 1854 empezó el despojo de algunas de nuestras tierras; y fue precisamente el General Joaquín Eufrasio Guzmán, el que principió, denunciando como salvadoreñas, ante autoridades salvadoreñas, tierras de nuestras islas del Golfo de Fonseca, sabiendo el muy ladino que era impostura la suya.

Podría tomarse como represalia del tiempo: irrazonable pensar, porque si Ferrera hubiese tomado San Miguel, ya dijimos que algún derecho nos cabía, y que la acción era cosa extraña, a la política tradicional de Honduras, que nunca ambicionó una sola pulgada de tierra ajena que no constara de sus títulos suficientes; y aun con esos títulos, se ha sometido a perder bastante de su patrimonio original.

Supongamos la represalia del tiempo: en ese caso no es anodina la prédica y exaltación de glorias militares, contra el hermano y vecino.

Razón de más para que veamos las cosas como son, y aun como se pretende que las veamos, y no como quisiéramos que fuesen, en criminal quietismo o *laissez faire*.

Hemos llegado a tiempos calamitosos en que no son escasos los hombres que aplican su talento, su posición a probar que es el venado el que tira a la escopeta y la mata.

5º. Va para rato que se está trabajando en Honduras, ayudando hondureños malvados, tontos o traidores: ese trabajo lo hacen miles de salvadoreños radicados y cientos que cada día atraviesan nuestra frontera, sin más documentos que su cédula de vecindad salvadoreña, y su atestado de pertenecer al partido allá denominado Pro-Patria, documentos que pleitean sean aceptados por las autoridades hondureñas como bastantes y buenos para no llenar las exigencias de las leyes hondureñas.

Esa falta de los documentos que para entrar exige nuestra ley, infinitivamente menos rigurosa, que la salvadoreña para nosotros, se debe a un malentendido centroamericanismo de nuestra parte, puesto que no nos obliga Ja reciprocidad.

Aun en el expediente de considerar hondureños naturales a los centroamericanos, por el sólo hecho de la residencia, no abonó nuestra Constitución de 1924: se estableció en ley la doble nacionalidad, porque no se tomaron las medidas concordantes.

Nosotros entendemos que de seguir siendo los mismos, debíamos exceptuar de idealismos incabibles la entrada al territorio nacional, de quien quiera que no sea hondureño. Si dentro no tuviésemos el argumento, sobra con los que ha puesto al desnudo la guerra criminal que las democracias pelean como derecho a su existencia.

Aquellos salvadoreños que llegan no se creen inmigrantes: se creen en país propio o que pronto lo será, según lo pregonan: esos salvadoreños se niegan a veces hasta pagar las contribuciones, y no pocos niegan el acatamiento a leyes y autoridades hondureñas; y cuando se ven constreñidos a ello, porque la tolerancia no debe llegar al crimen, apelan al Cónsul salvadoreño, quien se presenta a nuestras autoridades con la arrogancia usada en el país de capitulaciones.

No hablamos de oídas hemos intervenido como autoridad más de una vez; y constancia oficial hemos dejado en más de un documento.

¿Había por boca de ganso esos salvadoreños? ¿Repiten, como los pericos, lecciones que les han metido en el magín? No dan razón de su actitud en un país en donde viven tan bien como nunca pudieron ni soñaron.

Alguna cosa debe decir esa unanimidad de aspiraciones de nuestros huéspedes; y alguna explicación tiene el que los salvadoreños viejos de vivir entre nosotros no digan que El Salvador tiene poca tierra y Honduras la posee en demasía.

La cordura nos exige algo más que comprobar una y otra vez el hecho desconsolador para la armonía de hermanos; y ese algo más no puede seguir siendo el ver los toros desde la barrera.

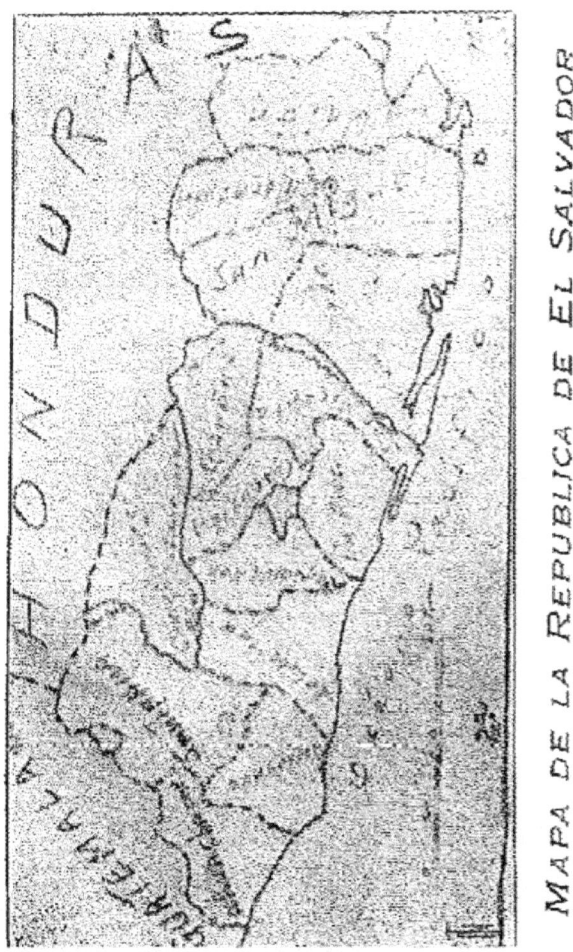

AUXILIANDO A MALESPIN

Art. 1° El Gobierno de Honduras toma bajo su protección al Sr. General don Francisco Malespín y a los demás Jefe y Oficiales que le acompañan, cuya protección se limita a estimarlos y considerarlos en el rango militar que obtienen en todo lo que no se oponga a las leyes y disposiciones del Estado.

Art. 2º Estos señores quedarán al servicio del Estado si ellos manifestasen anuencia o les conviniese: pero en manera alguna se pondrán por sí a la cabeza de fuerza armada para hostilizar al Salvador: si aquel Gobierno diese a éste solemnemente garantías de reciprocidad según se ha estipulado con los comisionados del Vicepresidente General en Jefe del Ejército salvadoreño, fijando esta circunstancia esencial como base de un convenio posterior que debe celebrarse.

Art. 3º De la misma manera se toman en calidad de depósito los buques y objetos que contengan de ajena propiedad, los cuales serán entregados, previo un arreglo y demás requisitos legales que se hagan con quien los reclame con derecho.

Art. 4º Estos objetos se custodiarán en la Plaza de Nacaome bajo la responsabilidad del General en Jefe o del Jefe Militar que éste nombre en su ausencia: pero se recibirán por medio de formal inventario tratando de que existan en el mejor pie los que no correspondan al Estado y pudiendo disponer del resto según convenga.

Art. 5º El Gobierno de Honduras responderá de sus desfalcos; pero no del arruinamiento consiguiente al tiempo que dilaten en su poder, ni menos en el caso de que una fuerza extraña invada aquella plaza y se eche sobre ellos.

Lo tendrá entendido el Jefe de Sección encargado del despacho de la guerra, y dispondrá lo necesario a su cumplimiento.

Dado en la ciudad de Comayagua, en la Casa de Gobierno, a 23 de marzo de 1845. CORONADO CHÁVEZ.

Al Sr. Francisco Inestroza.

***

COMUNICACION IMPORTANTE

Reservada. —Sr. Comandante Leandro Gallardo.
Nacaome, Abril 2 de 1845.

Estimable amigo: El Teniente Coronel José Antonio Flamenco y el Oficial Revelo, fueron con pasaporte mío hasta ese punto, y con fecha de ayer lo he librado, también a más de treinta jefes y oficiales salvadoreños, hasta las fronteras de este Estado, con la mira de que se introduzcan al del Salvador por la Unión, por ese punto y por Guarita, u Ocotepeque, pues he tenido partes seguros de que aquellos pueblos están descontentos con la actual administración y estos oficiales pueden hacer mucho en su respectivo vecindario; aquellos de quienes Cabañas tiene más confianza pueden introducirse por Santa Rosa a San Miguel, y si se le presentaren a Ud. ya sea con mi pasaporte que les he dado a todos juntos para ir a Comayagua a sacar los parciales, o ya sea con éstos, puede Ud. permitirles seguir su ruta auxiliándoles en lo que pueda.

Si Ud. juzgase que las fuerzas del Departamento de San Miguel están reuniendo en algún punto para invadir el Estado, me lo avisa con prontitud para reunir las mías que puedo hacerlo en veinticuatro horas, y darles un golpe decisivo, persiguiéndolas hasta el Lempa, porque si me cogen desprevenido por falta de avisos de U. aunque no temo un triunfo de los enemigos, sentiré no perseguirlos como es debido, para alentar a los pueblos del Salvador. Entre tanto puede U. ir formando más trincheras en los pasos reales del río inmediato a ese pueblo, y en los puntos que guarnecen el mismo pueblo para poner una división que garantice ese vecindario de las invasiones enemigas, a cuya cabeza irá Guardiola tan pronto como llegue a este Cuartel General que lo espero por momentos. Acabo de recibir una comunicación de Ocotepeque, en que me dicen dos amigos de toda confianza, que diputé cerca del General Carrera, que han hablado con él sobre la guerra actual de S. Salvador, en la cual se ha manifestado, casi indiferente, a pesar de las exigencias del Obispo, porque conoce que las miras de éste, y de los nobles de Guatemala, son darle el golpe a él, primero que a nadie y por medio de dichos amigos me ofrece que tan luego como las tropas de Cabañas ingresen a este Estado, lo hace él con las suyas al del Salvador, de suerte que es preciso que U. vigile constantemente para ver si pasa siquiera un soldado armado de aquel Estado a éste, con lo cual comprobaremos que está agredido el territorio y sacaremos ventajas muy grandes, debiendo U. poner un parte claro y circunstanciado con los comprobantes necesarios para que se publique. A nadie enseñe ésta, principalmente entre 15 días. Le desea felicidad su affmo. amigo q. b. s. m.[1] —F. FERRERA.

***

CONVENIO DE CHINAMECA

Reunidos en el pueblo de Chinameca les señores Licenciados Sebastián Salinas y Leonardo Romero, comisionados por el Supremo Gobierno; y los señores Licenciados Jesé Félix Quiroz y General Nicolás Angulo, por el del Salvador, después de haber examinado y canjeado sus respectivos poderes que autorizan legalmente - su misión. Temiendo presente, que no infundados motivos, han puesto en alarma a los pueblos hermanos: queriendo ambos Gobiernos justificar si ante el mundo que apetecen el orden y la paz, y no hacen la abnegación de lo razonable, y justo al través de los principios del siglo en que vivimos, y de la experiencia de nuestras desgracias pasadas; y poseídos por otra parte que los Gobiernos como padres de los pueblos, jamás deben dar lecciones que desnaturalicen a los hijos, lo que haría parecer a los contratantes, delante de las naciones, como sumergidos aun en las tinieblas de la ignorancia, convinieron en los artículos siguientes:

Art. 1º Los Estados de Honduras y El Salvador son hermanos: se respetarán y amarán mutuamente, y se prometen con solemnidad que en lo sucesivo no sólo se amarán, sino que cada uno por su parte no dará hacia el otro el más leve motivo de desconfianza, debiendo tratarse siempre con la consideración y contemplación que requieren los grandes intereses que resultan respectivamente a cada uno de conservar su fraternidad y unión.

Art. 2º Cada uno de los Estados contratantes, es por sí mismo un cuerpo político, libre, soberano e independiente, capaz de su régimen interior y con necesidad y con derecho de que el uno no tome parte en los negocios del otro. Por consecuencia el gobierno del Salvador, no se opone al asilo concedido, por el de Honduras al del General Malespín y los que le han seguido, en decreto de 28 de Marzo último, comprometiéndose dicho Gobierno solemnemente a

---

[1] Que besa su mano.

hacer que estos individuos no permanezcan en los pueblos fronterizos a este Estado y a no permitir que levanten armas, ni en modo alguno intenten perturbar el orden interior del Salvador.

Art. 3º Ambos Gobiernos se comprometen a no favorecer ni consentir en manera alguna, se armen o fomenten facciones para hostilizar y perturbar su paz y unión; pero si desgraciadamente llegase el caso de que cada uno de los Estados contratantes se considerase agraviado, por el otro, no podrá tomar por sí satisfacción, sin haber hecho antes los reclamos correspondientes, dándose u obteniendo explicaciones hasta por tercera vez.

Art. 4º El Gobierno del Salvador se obliga a poner en libertad a los hondureños, que por faltas o delitos políticos se hallen presos, detenidos, o perseguidos en su territorio, lo mismo hará el Gobierno de Honduras respecto a los salvadoreños que por las mismas causas puedan estarlo.

Art. 5º El Gobierno de Honduras, poseído de los sentimientos de gratitud que son naturales hacia los jefes y oficiales del Salvador, que expusieron su vida en la campaña de Nicaragua, interpone su amistad y consideración con El Salvador; a fin de que sean puestos en libertad, los que estuviesen presos o detenidos por sospechas y faltas políticas. Y los comisionados por este Estado, deseando obsequiar a aquellos sentimientos benévolos, unen sus votos para excitar al propio Gobierno con el objeto de que sea deferente a tan filantrópica demanda.

Art. 6º El Gobierno del Salvador se obliga a entregar al de Honduras los fusiles que han internado a este Estado los individuos de Texiguat que acompañaron al señor Dionisio de Herrera, previa justificación del número a que ascienden aquéllos; obligándose de la misma manera el segundo de los Gobiernos, a entregar al primero, con deducción de los expresados, los que se extrajeron de los almacenes, para la campaña de Nicaragua, y existan en el depósito que hizo el señor Malespín y de que está hecho cargo el mismo Gobierno.

Art. 7º Esta entrega deberá hacerse al Comisionado que nombre el Gobierno de este Estado, por el otro de Honduras, con presencia del que elija Nicaragua, cuyos tres comisionados, ocurrirán a recibir el armamento que a cada Estado corresponda, y a aclararlas dudas que sobre el número que se reclame y calidad pueda ofrecerse. Pero si a los diez y seis días de la ratificación de este convenio, no aparece en Nacaome el comisionado de Nicaragua, no obstante, la comunicación pronta que debe hacérsele tendrá lugar sin más demora la entrega al Salvador según los documentos que se presenten; obligándose en este caso a arreglar amistosamente toda diferencia o reclamo que se promueva en particular.

Art. 8° No teniendo derecho el Estado de Honduras para reclamar ninguna de las piezas de artillería comprendidas en el depósito, y que existen en los buques, ni a sus balas, pertrechos y demás útiles de que están dotados; se obliga a entregar estos objetos a los comisionados del Salvador y Nicaragua para que éstos arreglen entré sí su distribución.

Los instrumentos de música, el mortero u óbus que pertenecen indudablemente al Salvador lo mismo que la Imprenta le serán entregados a su Comisionado, sin más requisito que la percepción del recibo correspondiente.

Art. 9° No teniendo igualmente parte Honduras, en la pólvora, cartucheras, plomo, piedras de chispas, lanzas, llaves de fusil, y demás útiles y municiones que existan en el depósito y no se hallen comprendidos en los artículos anteriores, los comisionados por el Salvador y Nicaragua, harán entre sí, la distribución de ellos del modo que se ha dicho con respecto a la artillería; a condición de que ambos Gobiernos deberán responder por lo que reciban al reclamo de algún particular que se considere con derecho a estos objetos y pagarle así que cobrase competentemente, a justa estimación. Los buques comprendidos en el depósito serán entregados por el Gobierno de Honduras a los que justifiquen su propiedad.

Art. 10°. Las bayonetas existentes en el mencionado depósito, se distribuirán a proporción de las que faltaren al número de armas que cada Estado reciba.

Art. 11°. No constando en el Inventario que en el depósito hecho por Malespín, haya efectos mercantiles, dinero u otros objetos que el Gobierno de Nicaragua haya dado al citado Malespín, para el ajustamiento y pago del ejército de su mando, el de Honduras procurará averiguar la existencia de ellos, y si descubre el todo o alguna parte, se compromete a que de tales intereses, se haga la distribución o entrega que sea justa.

Art. 12º Convencidos los Gobiernos de Honduras y el Salvador que para representar en el exterior y sostener las relaciones que son necesarias a toda nación, es muy preciso un centro común o un Gobierno General que las mantenga, se comprometen a interponer sus consideraciones con los otros Gobiernos, de Centro América, con el interesante objeto que convengan y acuerden, en la reorganización de la República, de la manera más propia y adecuada a sus circunstancias.

Art. 13º. El presente tratado será ratificado y canjeado, para su puntual observancia, de la fecha en quince días; cuyo canje se verificará en San Antonio del Sauce, por las personas que los respectivos Gobiernos señalen al efecto.

En fe de lo cual, lo firman a diez y ocho de abril de mil ochocientos cuarenta y cinco con el Secretario de la Legación de Honduras.

Sebastián Salinas   *Leonardo Romero*

José Félix Quirós   *Nicolás Angulo*

F. Cruz, Secretario.

* * *

DECLARATORIA DE ESTADO DE GUERRA DEFENSIVO

Ministerio de Guerra del Supremo Gobierno del Estado de Honduras.

El Presidente en quién reside el Poder Ejecutivo del Estado de Honduras, Considerando: que las tropas salvadoreñas han invadido escandalosamente el territorio de Honduras por varios puntos del Sur, sin una declaratoria de guerra anterior y sin motivo justo que la legalice; atendiendo a que es un deber del Gobierno proveer a la defensa de los pueblos, así como lo es de los hondureños tomar las armas para vindicar tamaño ultraje y dar seguridad a sus familias, y propiedades, ha tenido a bien emitir -el siguiente:

DECRETO

Artículo 1° El Estado de Honduras se declara en esta do de guerra defensiva contra las fuerzas del Salvador.

Art. 2° En consecuencia, ciérrense todos los despachos de los tribunales y juzgados, quedando solamente abiertos el del Gobierno y administración de Hacienda, mientras se establece la tranquilidad.

Art. 3° Todos los hondureños de 14 años arriba sin excepción alguna están obligados a tomar las armas, bajo la irremisible pena de la vida el que infringiese este decreto.

Art. 4° En cumplimiento al artículo anterior, todos los militares, eclesiásticos y paisanos se presentarán al Jefe Político de esta ciudad, los que sean de este vecindario, y a las autoridades respectivas los de los demás pueblos del Estado, a ofrecer sus servicios, cada uno en su línea, y éstos, los pondrán a disposición de los Comandantes o Jefes Militares, a excepción de los eclesiásticos, quienes prestarán otra clase de auxilios.

Art. 5° La persona que desertare de las filas en las actuales circunstancias, la que no preste los auxilios que se le pidan, la que se le tome correspondencia con el enemigo, la que hablare en favor de él, la que infundiese desconfianza en los pueblos, y levante conspiraciones contra el Gobierno, se declara enemigo del Estado y reo de alta traición y, por consiguiente, acreedor a la pena de muerte.

Art. 6° Todos los infractores de este decreto serán juzgados en concejo de guerra en el término de doce horas para su pronto escarmiento, para cuya ejecución bastará la confirmación del General en Jefe del Ejército o de los Comandantes Generales de División y del de operaciones que se nombre en esta capital, y no habrá más suspensión de ella que cuando recaiga sobre un eclesiástico, en cuyo caso se dará cuenta al Gobierno.

Art. 7° Publíquese solemnemente este decreto para que llegue a noticia de todos y ninguno alegue excusa.

Lo tendrá entendido el Jefe de Sección del Ministerio de Guerra y dispondrá lo necesario a su cumplimiento.

Dado en la ciudad de Comayagua, en la Casa de Gobierno a 26 de Mayo de 1845.

CORONADO CHÁVEZ

Al señor Francisco Inestroza.

Ministerio General de Gobierno Supremo del Estado del Salvador. D. U. F. Casa de Gobierno: San Salvador, Mayo 12 de 1845.

El señor Vice Presidente, General en Jefe del Ejército de Operaciones de este Estado, ha dado cuenta al Supremo Gobierno, con la contestación que recibió de ese, al anunciar el comisionado que tuvo a bien dirigirle, y con la nota del General Señor Francisco Ferrera datada el dos del corriente en Pespire, la cual tengo el honor de acompañar en copia.

La diferencia que se nota, tanto en el estilo como en el espíritu, de dichas comunicaciones, obliga a creer que el Jefe de las fuerzas de ese Estado, no está en un todo de acuerdo con su Gobierno. Este concepto y el saberse, a no poderlo dudar, que se hacen reclutamientos, y se reúnen fuerzas considerables, en los pueblos fronterizos, de ese Estado, ha hecho también temer que dicho señor General quiera proteger las pretensiones de volver al mando de este Estado, de Francisco Malespín, lo cual ha obligado al General en Jefe de su ejército de operaciones, a situar parte de sus fuerzas en la frontera con prohibición absoluta de traspasar sus límites si no es en caso de repeler una agresión.

El Señor Vice-Presidente General en Jefe, también manifiesta que el señor Baltazar Somarriba que nombró comisionado para hacer y obtener explicaciones de ese Supremo Gobierno, se regresó de uno de sus primeros pueblos por habérsele detenido y no haber recibido el pasaporte que se libró para su internación.

Por tales razones el Señor Senador Presidente, deseando probar a ese Supremo Gobierno sus disposiciones pacíficas y amistosas, ha dispuesto se dirija esta comunicación para asegurarle que esos movimientos militares serán dirigidos a la defensa del Estado, y no a la invasión de ese, con quien desea conservar la buena armonía y unión que tanto interesa a los dos. Pero exigiendo la tranquilidad y el bienestar de estos pueblos la desaparición del expresado Malespín, que actualmente está refugiado en el puerto de San Lorenzo, y deduciéndose como se ha dicho, de la comunicación del General Ferrera que tiene miras de protegerlo, exige de ese Supremo

Gobierno, una explicación franca y categórica sobre los puntos siguientes:

1º Si ese Gobierno respeta el derecho, que este Estado tiene, como ese, de que no se intervenga en sus negocios interiores.

2º Si puede, como es de justicia, hacer que Malespín se retire del expresado puerto de San Lorenzo, negándole toda clase de auxilios, y

3º Si en caso de no hacer retirar a Malespín, consiente en que las fuerzas de este Estado le persigan en dicho puerto, allanando su territorio.

Si tan justas pretensiones fuesen negadas, el Gobierno del Salvador se verá en la necesidad de tomar todas las medidas que conduzcan a la conservación y tranquilidad a que atenta el expresado Malespín, y desde luego protesta no ser de su cargo las desgracias que puedan seguirse.

El Gobierno del Salvador ha visto con el más vivo sentimiento que el de Honduras no haya dado contestación a las diversas comunicaciones que le ha dirigido con el objeto de conservar la paz y buena armonía, y si con esta sucediese lo mismo, lo tendrá por la prueba más positiva de su enemistad, lo cual le autorizará para obrar como se lo demande la justicia y el interés de este Estado.

El Señor Presidente me ha ordenado por último, decir a Ud. que si ese señor Presidente quiere asegurarse de sus buenas intenciones en favor de la paz y unión de ambos Estados, y arreglar algunos puntos que conduzcan a asegurarla, está pronto a admitir los comisionados que tenga a bien instruir, previas las explicaciones que ahora se exigen.

Tengo la honra de decirlo, a Ud., Señor Ministro, para que se sirva ponerlo en conocimiento de ese Señor Presidente, aceptando las seguridades del aprecio y consideración con que soy su obediente servidor.

JOSÉ ANTONIO JIMENEZ

Ministerio General del Gobierno Supremo del Estado de Honduras.

D. U. L. Casa de Gobierno: Comayagua, Mayo. —1845.

Doy puntual contestación a la estimable nota que Ud. se ha servido dirigirme con fecha 12 del presente, la cual fue entregada por los señores comisionados Lic. Euralio Carrillo y Teniente Coronel José María Aguado. El Señor Presidente del Estado, a quien di cuenta, se impuso de su contenido y me previno contestar: que el estilo de las comunicaciones del señor General Ferrera sobre que Ud. nota diferencia, no es extraño que sea distinto a las de este Gobierno, puesto que lo es también su autor; pero que, en cuanto al espíritu de unas y otras es evidente que no hay la menor contradicción, como sucede en la que tengo la honra de contestar, pues en ella se encuentran dos cosas en sentido muy diferente, como son protestas de paz y de hostilidad, acaso porque así conviene a los intereses y a la política de ese Gabinete.

Si el Señor Somarriba regresó sin penetrar a esta capital, con el pretexto de habérsele negado la entrada al Estado, ciertamente que ha inferido un agravio de bastante consideración a este Gobierno, pues al informar desde el pueblo de Yarula, sobre el objeto de su venida, se le dijo que por la vía directa de San Miguel se le había remitido pasaporte, y que las autoridades del tránsito estaban prevenidas para recibirlo con el respeto y consideraciones debidas a su carácter. Igual cosa se había practicado con respecto de las de Chinacla a cuyo pueblo llegó sin obstáculo alguno, desde donde, suponiendo datar su comunicación en Yarula, manifestó al Gobierno que, siendo su comisión puramente informativa, creía llenar su objeto comunicando los nuevos sucesos y disposiciones del Estado del Salvador, y del Jefe del Ejército.

Aquella conducta llena de franqueza y generosidad, la han visto ahora comprobada los Señores Carrillo y Aguado, quienes, con su informe verbal, desharán las equivocaciones que se hayan tenido hasta esta fecha, quedando satisfecho el Gobierno en lo esencial de la que estos mismos señores han hecho en nombre del Señor Vice-Presidente, de quien son comisionados especiales.

En cuanto a las preguntas que Ud. hace a nombrc de ese Supremo Gobierno, el de Honduras satisface plenamente la primera; que la conducta que hasta hoy ha observado y se propone seguir observando con respecto a los demás de la Unión de Centro América, es la de respetar y hacer que se respete el derecho sagrado de las naciones y que los principios en que éste se funda, no le son desconocidos, al grado de mezclarse impertinentemente en las deliberaciones de los otros Gobiernos, mientras de ellos no resulte mediata o inmediata en la seguridad, bienestar y prosperidad de este Estado, teniendo por una solemne equivocación política y por un funestísimo contrasentido el tomar las protestas de amistad, de paz y de buena armonía por voto de sumisión, de ciega deferencia, de una total abnegación de los más grandes y más sagrados intereses del Estado.

Respecto a la segunda pregunta debe responderse: que no se halla a la fecha el General Malespín en actitud hostil contra El Salvador, sino puesto bajo la protección del Gobierno de Honduras. La persona de éste, la de los Generales y demás individuos que le acompañan no debe temerlas ese Gobierno, porque la buena fe del de este Estado garantiza en esta parte, la seguridad y paz de El Salvador, como también los demás de la Unión, según queda antes indicado.

En testimonio de los mejores sentimientos de armonía y fraternidad que animan a este Supremo Gobierno ha convenido en esta misma fecha con los señores comisionados del General Vice-Presidente, y en obsequio también de la excitación del Señor Senador Presidente proteste, por medio de ellos, no dar protección directa ni indirecta a la facción de Texiguat, ni a cualquiera otra que se levante en el Estado, ni menos permitir que se proteja por ningún agente, ni súbdito del Salvador, ni que se aliente ni fomente con relaciones o impresos que tengan este objeto; antes bien desea se consigne como un medio seguro, para el restablecimiento del orden, que si por algún evento penetrasen sus restos a ese Estado sean desarmados, devueltas sus armas a este Gobierno y obligar a sus individuos a que observen una conducta quieta y pacífica, ofreciendo éste Gobierno por su parte guardar la misma conducta estrictamente con el General Malespín y sus restos, si por desgracia llegaran a ponerse en actitud hostil, como también con cualquier otra facción o enemigos del Gobierno del Salvador.

Siendo el otro de los párrafos de su nota hacer responsable a este Gobierno de las consecuencias que ya se tienen prevenidas en caso de no obsequiar los deseos de esa Administración, el Señor Presidente de Honduras que conoce el objeto principal con que se le habla, deja a los centroamericanos de buen sentido, a la imparcial posteridad y a la severa historia el juicio de la responsabilidad de los hechos; no debiéndose dudar que por parte de él será fiel y constante para observar en su marcha política, este principio:

"Ni causar males al Estado, por consideración, capricho o temeridad, ni hacerle cómplice de su ignominia por inanición, sencillez o debilidad". Si este mismo principio fuese acatado por ese Gobierno, y por los demás de la Unión, ciertamente se conseguiría la paz de Centro América, sin degradar ni mancillar la dignidad de cada uno de los Estados.

De orden de este Supremo Gobierno tengo el honor de decirlo a Ud., en contestación a su citada, ofreciéndome con toda consideración muy atento y respetuoso servidor.

JOSÉ MARÍA CISNEROS.

UNA MISIVA Y SU RESPUESTA

Cuartel General frente a Comayagua.
Junio 2 de 1815.

Sr. Presidente de este Estado.

Para no perder tiempo, omito decir a Ud. las causas que obligaron al Gobierno Supremo de El Salvador a declarar la guerra al de Honduras, y me contraigo solamente a manifestar a Ud. que si se quiere economizar la sangre centroamericana, tan cara para mí, aún no es tarde; y con éste importante fin exito a Ud. a un acomodamiento, cuyas bases espero propondrá Ud. atendiendo a su posición y a la mía.

Cualquiera que sea su resolución, aguardo se sirva decírmela dentro de una hora y entre tanto tengo la honra de hacer a Ud. las más sinceras protestas de mi estimación y respetos.

TRINIDAD CABAÑAS.

No cansado Ud. de insultar a mi Gobierno con haber agredídole bruscamente el territorio y asesinado y robado casi a innumerables súbditos del mismo, ha querido Ud. colmar sus desacatos excitándolo en nota de este día a que entre en acomodamientos con Ud. si es que se determinase a evitar un derramamiento de sangre.

Entienda que el faccioso de la calidad de Ud. nunca ha tenido títulos que lo hagan acreedor a las relaciones y negociaciones con los Gobiernos legítimos: que el mío me ha encomendado la defensa del territorio, no hasta ahora que Ud. lo infesta últimamente con su inmunda planta, sino desde que sus torpes movimientos ejecutados en el Sauce insinuaron al Señor Presidente de Honduras que Ud. se hallaba en actitud invasora, no obstante su incapacidad física y moral: que en defecto ha puesto a mi disposición tropas y recursos más que suficientes; y que en fuerza de cuanto queda dicho, no puedo proponer a Ud. otro medio que el de que se rinda a discreción, pues de lo contrario sólo la sangre de Ud. confundida con la de esos obcecados que le siguen, satisfará en parte tamaña injuria, tamaños males que con su incursión ha inferido a mi Gobierno, aunque infructuosamente.

Dentro de dos horas puede Ud. resolver sobre el consabido rendimiento; y de no verificarlo así, protéstole: que si por contingencia saliese vivo de los alrededores de esta ciudad, lo he de perseguir hasta tomarlo, no digo en San Salvador, sino en cualquier punto en que Ud. vaya a asilarse.

Soy su Atto. servidor.

SANTOS GUARDIOLA.

Comayagua, Junio 2 de 1845.

COMUNICACIONES DEL ENVIADO DE HONDURAS

Señor Ministro de Relaciones del Supremo Gobierno de este Estado.

D. U. L.

Por partes que anoche deben haber llegado a V. S. se sabe asertivamente que el ejército del Salvador ha invadido el territorio hondureño por tres puntos; y que una de sus divisiones está ya a cuatro leguas de la capital de Honduras.

Esta invasión se ha efectuado durante las conferencias que sobre los tratados de Chinameca celebraban comisionados de ambos Gobiernos: se ha efectuado cuando los dos han aceptado la mediación del Gobierno de V. S.; y ha tenido lugar, en fin al mismo tiempo que el Gobierno del Salvador hacía mil protestas a éste, al de Honduras y a toda la República, de que él no procuraba sino la paz y que su aparato de armas era defensivo, y no con el objeto de agredir el ajeno territorio.

Es un acto felónico, pues, el que se ha cometido por el Estado del Salvador con semejante invasión. Ella es un ataque a la fe pública; es una traición al honor y la integridad que debe caracterizar los actos de los Gobiernos; es una injuria hecha a la Soberanía e Independencia de un Estado aliado y Hermano, y es un insulto a la dignidad de este Supremo Gobierno, cuya mediación se había afectado admitir.

Con qué objeto se ha cometido este horrible crimen, que halla vilmente los sanos principios de justicia, ¿y dignidad y que atropella con alevosía los que establece el derecho de gentes?

No puede ser otro que con el de extender el vandalismo que han ejercido los restos de la facción de Morazán. Dominado Honduras por ellos, lo sería tal vez en seguida Guatemala, porque, unidos los dos Estados limítrofes a éste, le harían con ellos la guerra a sus antiguos y acérrimos enemigos.

Son a la verdad ridículos los motivos que pretexta el Gobierno del Salvador para dicha invasión y que se expresan en la proclama de Cordero, que también ha llegado a este Ministerio.

Dichos motivos son coger al General Malespín porque está excomulgado y tomar los fusiles que les retiene el Estado de Honduras.

Es monstruoso el que se quiera, a nombre de la santa religión del Crucificado, cometer los horribles crímenes que ella condena. Invocar el augusto nombre del Dios de la paz, para hacer una guerra fratricida y pretextar santos motivos para vengar rencorosas pasiones. Pudo ser en defensa de la religión la guerra que se hiciera para contener la persecución del sacerdocio y robo de vasos sagrados, hechos por los mismos que acaudillan ahora el ejército invasor de Honduras; pero, por coger a un excomulgado, jamás podrá hacerse una guerra que autorice la religión.

No es menos falso el pretexto de los fusiles, pues que el Gobierno de Honduras, según su decreto, los tiene a la ley de depósito solamente, obligado a devolverlos en el momento de restablecerse la paz.

Es, pues, el fin de la guerra el mismo que he expresado, es decir: dominar la República manchándola de sangre. El mismo Cabañas, que ahora invade Honduras, es el que efectuaba la invasión sobre Guatemala, para que engañó a Malespín el año próximo pasado, saqueaba las haciendas de Quesada y del Sitio, y pretendía en sus absurdas proclamas, que era necesario destruir al Excelentísimo Señor Presidente actual de este Estado. Todos los jefes y oficiales con que hoy devasta el territorio hondureño son los mismos con que el año pasado robaba en el guatemalteco; y esto no debe olvidarse.

No ha sido así la conducta de Honduras con Guatemala, pues siempre le ha sido consecuente; y lejos de entrar en combinaciones contra ella, le ha protegido contra sus enemigos. Cuando en el año de 1839, Cabañas y los demás que ahora invaden a Honduras, le hacían una guerra a muerte al Excelentísimo Señor Presidente actual de este Estado, el General Ferrera con los hondureños vino en su defensa, aunque la fortuna le fue adversa en el campo del espíritu. Cuando en el año de 1810, los mismos invasores de Honduras invadieron esta Capital, las tropas de aquel Estado venían a su defensa, y regresaron ya del territorio del Salvador, por haber sido destruido el enemigo aquí. Todo, pues, prueba que el Estado de Honduras ha sido siempre el aliado más fiel de Guatemala, cuya causa ha visto como la suya; mientras que Cabañas y todos los que ahora emprenden la conquista de aquél han sido eternos enemigos de éste.

De que se deduce que al Estado de Guatemala por su dignidad que ha sido ultrajada: por su seguridad que es amenazada y por la gratitud que debe a Honduras, debe tomar parte con éste en la presente lucha con el Salvador.

Debe tomarla también por los tratados de 23 de Octubre de 1840, en que se han obligado los Estados a defender al Gobierno cuyo territorio sea, como es ahora el de Honduras, invadido por fuerzas extrañas. En el mismo convenio se obliga Guatemala a desconocer los Gobiernos de hecho, como lo fuera en Honduras el que Cabañas pusiera si lograra vencer. Entonces tendría que hacerle este Gobierno la guerra en cumplimiento de dicho tratado; y para evitar este mal, más conviene tomar desde ahora medidas preventivas.

Yo invito con este fin al Supremo Gobierno de Guatemala, a nombre del mío, para que se sirva desde luego, intimar al del Salvador, que en el momento retire las fuerzas con que ha invadido a Honduras, protestando que de lo contrario este mismo Supremo Gobierno hará suya la causa de aquél, para el que pido un auxilio fuerte y eficaz de tropa organizada e instruida de la manera que guste el Excelentísimo Señor Presidente.

Sírvase elevar a su conocimiento la presente nota, admitiendo las consideraciones con que me suscribo su atento servidor.

Guatemala, junio 9 de 1815.

F. JÁUREGUI.

D. U. L.

Guatemala, Junio 16 de 1845.

Señor Ministro de Relaciones de éste Estado.

En el tratado de 4 de Abril último, entre este Supremo Gobierno y el del Salvador, se estipula que los Estados contratantes harán causa común, cuando uno de ellos sea por otro invadido, comenzando el que no lo es por interponer su mediación con el invasor.

Como el objeto de Guatemala, en la presente guerra del Salvador y Honduras, no ha sido otro que el de cortarla estableciendo entre ellos la paz; es evidente que su compromiso sólo tendría lugar, en el caso de que su nuevo aliado fuese injustamente invadido y desechada por su enemigo la mediación de Guatemala, y no en aquel en que por justa represalia sufriese la invasión.

No sólo dicho objeto indica que el citado convenio, debe entenderse así, sino la marcha general y recta que sigue éste mismo Gobierno; porque si hiciera suya la causa de su referido aliado, aun siendo éste injusto agresor, se apartaría evidentemente de los principios de justicia que hasta hoy le sirven de guía.

Sin embargo: como cualquier confusión de palabras puede en política causar grandes trastornos, es necesario que los compromisos de los cuerpos sociales estén expresos de una manera indudable. Sería, pues, muy conveniente que ese Supremo Gobierno se sirviese declarar: que el suyo con el del Salvador es en el citado caso de que el territorio del último sea injustamente invadido y despreciada la mediación de Guatemala; y no en aquel en que, por consecuencia de una invasión suya, verificada después de admitida dicha mediación, sus tropas sean perseguidas en su mismo territorio, para que no puedan turbar de nuevo el reposo del ajeno.

Como tal declaratoria es indispensable, para cerrar el convenio que hay pendiente con Honduras, yo suplico a V. S., Sr. Ministro, se sirva dar cuenta con esta nota al Excelentísimo Señor Presidente y comunicarme lo que él haga del expresado convenio, para el fin referido.

Al mismo tiempo yo tengo el placer de ofrecer a V. S. muy atento servidor.

F. JÁUREGUI.

Junio 16 de 1845.

Don Francisco Cruz, Ministro de Relaciones de Honduras, se dirige a los Secretarios de las Cámaras Legislativas de El Salvador, manifestándoles: que la correspondencia oficial y privada del General en Jefe del ejército salvadoreño que sucumbió en Comayagua pone fuera de cuestión las justas desconfianzas que el Gobierno de Honduras tenía para entregar al del Salvador el armamento sin ninguna garantía en favor suyo, y la seguridad de ser invadido por influjo de los antiguos enemigos del país; por lo cual el Gobierno hondureño excitó al salvadoreño para que se reformase el convenio celebrado en Chinameca por los comisionados que iban a reunirse en Gualcinse.

Manifestaba Cruz que se dirigía a las Cámaras porque el Gobernante de aquel Estado era el primer móvil de las disensiones y de la guerra que se trajo a Honduras, según sus dos cartas tomadas y publicadas en el N° 11 de "El Descubridor" y los demás que se insertarán en él; y porque el Gobierno tenía la convicción de ser aquel funcionario el primero que debía responder al pueblo por los centenares de víctimas salvadoreñas que habían quedado en Comayagua, por más de cuarenta prisioneros de guerra que había y por los grandes perjuicios apreciados en grandes sumas e inapreciables por la imposibilidad moral de reponerlos en Honduras.

Si dudaban de la autenticidad de la correspondencia podían enviar un comisionado de confianza para que las certificara, y ofrecía salvoconducto al que viniese.

***

PROPOSICIONES DE PAZ

Comandancia General del Ejército de Honduras.- D. U. L.

Comayagua, julio 11 de 1845.

Sr. Ministro General del Supremo Gobierno de Estado del Salvador:

Autorizado por mi Gobierno para exigir del de U. una completa satisfacción a la injuria que le ha inferido con la injusta agresión verificada por los militares Trinidad Cabañas e Indalecio Cordero con órdenes expresas del encargado del Supremo Poder Ejecutivo del Salvador, y a los gastos y perjuicios originados de aquélla; tengo el honor de dirigirme a U. manifestándole que a pesar de los agravios indicados y de la obstinación de los enemigos comunes de Centro América, que actualmente dirigen los destinos del Salvador, la administración de Honduras siempre generosa y filantrópica, aún persiste en proponer al Gobierno de U. medidas conciliatorias y armoniosas para establecer la paz alterada entre dos Estados hermanos, que poco hace marchaban por la senda de la ley y de sus intereses comunes: tal es el motivo que me obliga a hacer a U. para conocimiento de ese Supremo Gobierno, las proposiciones siguientes, bajo las cuales, si fueren aceptadas, quedará para siempre asegurada la tranquilidad de los dos Estados, y aun la paz general de Centro América, pendiente únicamente de los caprichos de sus antiguos enemigos, acogidos por el Vice-Presidente de este Estado, a pesar de la lección que acaba de recibir en la Historia del Gran Mariscal de Nicaragua, idéntica con la suya. Propongo, pues, al Supremo Gobierno, por el honroso conducto de U. y a nombre del mío: 1° Que dándose por recibido el Estado de Honduras de los elementos de guerra depositados por el Sr. General Francisco Malespín, en pago de los gastos y perjuicios que le ha originado la agresión del ejército salvadoreño, se le den, además, por llenar una justa indemnización, cien mil pesos en plata u oro, asegurados con la hipoteca del puerto de La Unión, cuyos productos irán pagando paulatinamente aquella suma; o que se le ceda a Honduras el departamento de San Miguel por los límites reconocidos, en cuyo caso el mismo Estado de Honduras devolverá al del Salvador los cien mil pesos referidos, en los mismos términos que propone recibirlos en La Unión.

2° Que, si al Supremo Gobierno del Salvador no le fuere posible pagar los cien mil pesos referidos en el artículo anterior, ni conveniente ceder el departamento de San Miguel en los términos propuestos, ceda al Estado de Honduras la parte del departamento de Cuscatlán, que se halla fuera del territorio que encierra el Lempa por el Sur y Sur Oeste, en cuyo caso Honduras no tendrá que devolver cosa alguna al Salvador.

3° Que, para asegurar la paz de los Estados, y que éstos queden en libertad de proveer a la creación de una autoridad general, decrete el Supremo Gobierno del Salvador la expatriación fuera de Centro América de los individuos contenidos en la lisia que tengo la honra de acompañar.

4° Que el Gobierno del Salvador garantice al de Honduras la paz y seguridad que le reclama, con una caución solemne de indemnidad dada por los Estados de Nicaragua y Guatemala.

Estas son las condiciones que a nombre del Supremo Gobierno de mi Estado propongo al Supremo del Salvador, sin que pueda interpretarse esta solicitud por un acto de conquista que detesta mi Gobierno; sino que es dietada por la prudencia y la política para asegurarse de nuevos ataques del mismo Estado del Salvador, que no

116

serán tan súbitos ni seguros con una frontera como la que proporciona el caudaloso Lempa.

Sírvase U. Sr. Ministro, contestarme lo que resuelva el Supremo Gobierno de quien U. depende, y admitir las consideraciones con que me firmo de U. obediente servidor.

FRANCISCO FERRERA.

* * *

INFORME OFICIAL DE LA ACCION DEL OBRAJUELO

Comandancia General de la Invicta División Libertadora.

Goascorán, Agosto 17 de 1845.

Señor Ministro de la Guerra del Supremo Gobierno del Estado.

Noticia he dado a Ud. de que traspasaba la línea divisoria, de haber ocupado la plaza de San Miguel sin ninguna novedad, de las providencias que dietaba a fin de conciliarnos la opinión de aquel departamento, de que los pueblos desatendían mis excitaciones, y que de día en día me daban testimonios de la animadversión que tienen a nuestra causa. Un solo vecindario no estuvo habitado durante mi permanencia en aquella ciudad, no obstante, los esfuerzos y buen tratamiento que daba a los pocos que había, para atraer a la multitud. La escasez de víveres, que experimentaba era absoluta; un solo vecino no me rodeó jamás, ni medió noticia alguna del enemigo; y lejos de esto, todos iban a reunírsele con el objeto de ponerme un sitio tan fuerte, tal lo tenían proyectado. Entre tanto, me lo tenían puesto, aunque lejano, pues que por todas direcciones especialmente con las que tocan con este Estado, mantenían masa de toda arma que asechaban mis correos, espías, etc., etc.; llegando sus operaciones al grado de haber asesinado con las rondas de Ulasapa a varios vecinos de este Distrito que regresaban con las bestias en que habían conducido el tren del ejército.

De lo dicho, deducirá Ud., Señor Ministro, que nuestra causa no tiene prosélitos en San Miguel, y lo difícil de mi posición en aquella ciudad.

Mientras que batallaba con la contemplación de tan funestos presagios, me hacía desesperar el incidente de verme aislado, especialmente para mantener mis relaciones con el Gobierno, de quien no recibí la menor, hasta hoy que he llegado a este punto.

Estos inconvenientes le eran tan oportunos al enemigo, cuanto que, aunque paulatinamente, iba aumentando su fuerza.

Lolotique, fue el lugar que el enemigo eligió para situarse e impuesto de ello, dispuse ir a batirlo con trescientos hombres. En efecto, el 11 salí del Cuartel General. Llegué a la Garita, cuyo paraje se halla a dos leguas de aquel pueblo; pero viendo que no obstante, mi movimiento, no se disponía el enemigo a atacarme, resolví retirarme para no obrar sobre un punto tan ventajoso como aquél, y por atender a la comunicación que allá mismo recibí del Gobierno del Salvador a 8 del corriente, pues que en ella me anunciaba que el día anterior se había dirigido a ese Ministerio indicando que estaba dispuesto a ajustar la paz y despachado donde el señor General Quijano, el Teniente Coronel Tomás Alfaro, a que conferenciase sobre el mismo sentido, concluyó manifestándome que mi permanencia en aquel territorio era un inconveniente poderoso para celebrar un convenio amigable, y que en consecuencia, lo evacuara y me constituyese en mis antiguas posiciones; dicha nota fue contestada en los términos que verá en la copia que le acompaño; enseguida me retiré a San Miguel.

Pero inconsecuente el Gobierno a sus mismas indicaciones no evitaba que sus tropas me inquietasen, pues el 13 llegaron éstas a Quelepa, y algunas partidas a las inmediaciones de la ciudad; el 14 ocuparon el Obrajuelo; y observando esta disposición hostil resolví salir sobre ellos con doscientos hombres, y lo verifiqué a las doce del día 15.

Me aproximé a aquella hacienda, y como poco antes de esto hubiera derrotado totalmente el Coronel Señor Vicente Vaquero, con el escuadrón de su mando, a una fuerte avanzada que el enemigo tenía situada a las inmediaciones de sus atrincheramientos, dispuse y empeñé la acción. Mandé al segundo Jefe señor Teniente Coronel

Juan López, que atacase el flanco derecho, y lo verificó con la intrepidez conveniente al valor de este digno jefe; a la izquierda le destiné al Coronel Francisco Barrios, mas éste no hizo un solo tiro hacia la fortificación como debía, por connivencia que tenía con Gerardo Barrios, según los documentos que le tomé después.

Viendo esto, y que la noche se acercaba, resolví retirarme con la fuerza, de la cual no perdí más que seis hombres, que murieron en la acción, entre los cuales se cuentan los valientes Capitán Martin Jiménez y Teniente Juan Gómez y Juan Torrealba: quince que salieron heridos, levemente unos, y de gravedad otros; más la incapacidad del enemigo fue tal, que no me persiguió ni un solo palmo fuera de sus atrincheramientos.

Persuadido de que en aquellos pueblos no tenía apoyo alguno nuestro ejército, según lo he manifestado antes de Ud., y de que el enemigo me acometía, tuve a bien evacuar la ciudad consabida y la verifiqué en la madrugada del día 16 con un orden que no quiero describirlo, porque talvez se creería que con ello hacía mi propia apología; más le diré sí, que hoy he ingresado a este pueblo, sin que el ejército sufriera otras bajas, que las de los pocos muertos y heridos mencionados anteriormente.

Aquí me hallo, pues, con el ejército a las órdenes del Supremo Gobierno, esperando me comunique las que estime convenientes.

Los ulasapas y pasaquinas me inquietaron en el tránsito, los primeros haciéndome tiros a tiempo que pasaba por aquel pueblo y los segundos presentándose en grupos por las serranías, poco. después de haberlas ocupado, y en los momentos que continuaba la marcha.

La conducta que ha observado el susodicho señor Teniente Coronel Vicente Vaquero es muy digna, de la mayor recomendación, pues se ha portado con mucho honor en los momentos del ataque, en los que se hiciera la retirada, y muy diligente, mientras que permanecíamos en San Miguel.

Con cuanto queda expuesto espero se sirva dar cuenta al Sr. Presidente, dignándose Ud. admitir los homenajes de respeto que le tributa este S. Muy Atto. S.--(D. U. L.)

SANTOS GUARDIOLA.

INFORME COMPLEMENTARIO

Comandancia General de la Invita División Libertadora.

Goascorán, agosto 18 de 1845.

Sr. Ministro de la Guerra del Supremo Gobierno del Estado:

Ayer he llegado a este pueblo con el ejército de mi mando de regreso del departamento San Miguel; y aunque en el mismo momento informé a Ud. del motivo que me obligara a contramarchar, he tenido a bien hacerlo por segunda vez, precaviendo un extravío de la primera.

De la cabecera del departamento indicado hice un movimiento el 11 del actual con dirección al de San Vicente. Pernocté en La Garita con la primera división; pero al continuar la marcha el siguiente día recibí una comunicación del Gobierno del Salvador en que me manifestaba, que el día anterior había dirigido pliegos al de este Estado, anunciándole que estaba pronto a terminar por medio de tratados la cuestión que ha dado lugar a la presente guerra; que así mismo había enviado a un jefe militar donde el señor General Quijano a que le hiciese igual insinuación y que para llevar a cabo este negociado, era de absoluta necesidad que desocupase el territorio, y me constituyese en mis antiguas posiciones.

Enajenado con semejante manifestación, no vacilé en contramarchar de aquel punto —La Garita— y del de Moncagua le contesté diciéndole que obraría conforme a sus deseos.

En efecto, volví a San Miguel el propio día 12 y comencé a tomar disposiciones para levantar el campo. De aquella ciudad dupliqué mi contestación al mismo gobierno; más cuando nada faltaba para ponerme en camino, tuve noticia de que el General Carballo venía persiguiéndome con su fuerza y ya me fue necesario contener la marcha. Llegó, pues, a Quelepa el 13; el 14 se me comunicó que se había dirigido para El Obrajuelo, y en este caso no pude menos que presentarle acción el 15. Los fuegos se rompieron a la una y media de la tarde, advirtiendo que él se hallaba fortificado con doble tropa y que la mía no excedía de doscientos hombres.

No obstante, estuve batiéndolo dos horas; más como observara que lo verificaba infructuosamente porque no salía de sus posiciones, me retiré con tanto orden, cual el que guardan las filas que no reciben quebranto alguno. El que experimentaran las nuestras fue muy pequeño, pues no hubo más que seis muertos y diez heridos, contándose en los primeros el Capitán Martín Jiménez, el Teniente Juan Gómez y el subteniente Juan Torrealba. Hubo también algunos extraviados.

Las pérdidas del enemigo no puedo detallarlas con certeza; más le diré, sí, que en el encuentro que tuvieron con su primera avanzada unos pocos dragones que yo llevaba, le mataron ocho individuos de tropa que quedaron en el campo.

Así fue como el 16 salí de la ciudad referida, y que el 17 ocupé este pueblo en donde estoy aguardando supremas órdenes para ejecutarlas.

De cuanto queda expuesto y de hallarse el ejército en el mismo estado, que cuando salió de aquí, sírvase informar al Señor Presidente, esperando que admita mis afectos.

(D. U. L.)

SANTOS GUARDIOLA

CRITERIO DEL GOBIERNO SOBRE EL COMBATE
DE LA UNION

Gobierno Supremo del Estado.
Comayagua, Septiembre 1° de 1845.

Se dio cuenta con una nota del General Manuel Quijano, del 26 del mismo Agosto, remisoria de las comunicaciones en copia, que mediaron entre él y el jefe de la fuerza salvadoreña, General Nicolás Angulo y del armisticio celebrado a efecto de suspender las hostilidades, mientras que este Gobierno y el del Salvador, arreglan la paz de una manera formal; y el Gobierno en vista de todo acordó se le diga en contestación: que le es muy satisfactorio al Gobierno ver comenzarse a llenar sus deseos por la paz, por el honroso medio del General en Jefe de la División de Gracias: que en tal virtud y habiéndosele prevenido que diese el paso de suspensión o armisticio, que en efecto ha celebrado en las márgenes del Sumpal, por consiguiente de la aprobación del Gobierno: que si el Señor Angulo está también dispuesto como lo manifiesta en esta comunicación, es una circunstancia que celebra el Gobierno de Honduras; porque una vez que conozcan los salvadoreños sus verdaderos intereses, ellos se interesarán por la paz en cuanto lo permitan sus facultades: que si como es muy natural se quejase el Gobierno del Salvador, o sus funcionarios de lo ocurrido en La Unión el 27 del que expiró, de cuyo parte se le acompañarán ejemplares impresos, debe manifestarse y sostenerse, que esta acción ha tenido lugar solamente por librar a la escuadrilla nuestra que por tierra o por mar se trataba hacer presa de ella en el punto expresado de La Unión; que en obsequio de esta verdad puede aducirse como prueba incontrastable, de que el General Guardiola, no ha querido traspasar las órdenes del Gobierno, pues habiendo. deshecho las fuerzas del Zute, Carvallo y sucumbido éste al ímpetu de nuestras armas, pudo ocupar la plaza de San Miguel y recorrer todo el Departamento, con la pequeña fuerza triunfante, sin temor de ser aún molestado, por cualquiera otra de aquel Estado, y que lejos de eso, volvió a ocupar sus posiciones en Goascorán, donde no obrará absolutamente contra el territorio salvadoreño, salvo que sea nuevamente provocado y expuesta la seguridad de sus fuerzas; y que para vigorizar más esta aserción, ya se repiten nuevas órdenes con aquel objeto, y ahora se le comunica el armisticio con su correspondiente aprobación; que, aunque ya se le tienen dadas órdenes para la recepción y dirección hacia esta capital de los comisionados que lleguen del Salvador, de nuevo se le reiteran éstas, haciendo que se les guarden los fueros y preeminencias de que los hace acreedores su alta representación.

Asimismo acordó se comunique en copia al Benemérito General Guardiola el Armisticio, celebrado por el General Quijano con el de igual título Nicolás Angulo, para que le dé su debido cumplimiento en todo lo que no se oponga a las reglas militares y de estricta disciplina.

Últimamente se dio cuenta con una nota del General Santos Guardiola, fechada el 29 del mismo en Goascorán, en que manifiesta el triunfo adquirido por las fuerzas de su mando, el 27 del mismo mes en el puerto de La Unión, e indica los pormenores de dicha acción; y el Gobierno en su vista acordó se le conteste: que con las mayores demostraciones de gratitud, se ha recibido, solemnizado y publicado por la imprenta el parte de la acción gloriosa que tuvo lugar en el puerto de La Unión el 27 del que expiró: que es tanto más satisfactorio al Gobierno este acontecimiento, no tanto por la pericia y rapidez con que fue efectuado, y la doble circunstancia de haber sucumbido en ella el General en Jefe de la División y de otros de su plana mayor, sino porque con ellas quedan deshechas las imposturas del propio Gobierno del Salvador, a consecuencia de la retirada del ejército hondureño, del territorio del Salvador después de la escaramuza de los Obrajuelos, y que, por tanto a nombre del Estado que rige le da la enhora buena y las gracias añadiendo este nuevo trofeo a los muchos que tiene adquiridos y que tiene consignados en el rol de los defensores de la patria; que de la misma manera quiere dar las gracias en su nombre a los valientes jefes, oficiales y soldados que lo acompañan y que tuvieron parte en aquella jornada: que en obsequio de su recomendación en favor del Coronel Vicente Vaquero, y del Dragón Eugenio Mulinche, en esta fecha se les manda librar: al primero el Despacho de General en Brigada; y al segundo el de Teniente efectivo de su arma, por haber dado muerte cuerpo a cuerpo al General enemigo; todo lo cual se evacuará a la mayor brevedad.

CHÁVEZ.   **F. FERRERA.**

UN EX-MINISTRO DE RELACIONES

Señores Editores del Redactor Oficial de Honduras.-D. U. L.
Gracias, Octubre 21 de 1845.

Muy señores míos:

He visto un cuaderno que ha publicado el señor Dueñas, de orden del Gobierno del Salvador, contra la defensa que ha hecho de Guatemala, el señor Lic. Felipe Jáuregui, en favor de este Gobierno Supremo. Como en dicho cuaderno se ve inserta al folio 18 vuelto una comunicación con fecha 23 de marzo, firmada por el señor

Joaquín Eufrasio Guzmán, en concepto de Comandante General, quiero hacer ver en obsequio de la verdad, que no es éste el que la suscribe, sino el señor Trinidad Cabañas, a quien se oculta con cuidado, para no hacerlo aparecer como enemigo verdadero de Honduras.

Yo fui quien recibí la nota a que me refiero como Ministro de Relaciones, que Uds. pueden traerla a la vista si desean desengañarse del estudio con que desacreditan nuestra causa los actuales gobernantes del Salvador. También corre impresa dicha nota en un número del Salvador Regenerado, donde pudiendo haberse visto que el señor Guzmán, la suscribía, quisieron los Editores, suprimir su nombre, por no ser cogidos en la falsedad, y también en el de Cabañas porque no se viese el furor que respira.

Como en la página 11, párrafo 3°, asegura el señor Dueñas que ningún conocimiento se tiene en aquel Gobierno de la contestación que el de Honduras dió, por mi medio al Vice - Presidente, debo añadir: que la citada comunicación de 3 de marzo, fue dirigida al señor Guzmán, como Vice - Presidente y General en Jefe, y remitida en copia al Gobierno, con fecha 4, por medio de su comisionado B. Somarriba, de que resulta que no sólo tuvo conocimiento de ella aquel mismo Gobierno por una vez, sino por dos; salvo que todos sus agentes, inclusive el mismo Vicepresidente, traicionen a la administración, apropiándose documentos que sólo a aquélla pertenecen. Esta misma comunicación se ve inserta al fin de la exposición que el señor Presidente de este Estado, hizo a los habitantes de Centro América, donde regularmente la ha visto ya el señor Ministro del Salvador.

Suplico a Uds. se sirvan insertar esta comunicación en el próximo número del Redactor, no porque pueda ruborizarse el señor Dueñas, de las faltas que comete, sino para que el público acabe de conocer la ninguna exactitud que hay en los papeles procedentes del Salvador.

Tengo la satisfacción de ofrecerme de Uds. atento servidor.

JOSÉ MARÍA CISNEROS.

Hemos tenido a la vista la comunicación de 3 de marzo, que antes se cita y está en conformidad de lo que se manifiesta en el comunicado que antecede.

LL. EE.

TRATADO DE PAZ

TRATADO DE PAZ Y AMISTAD, ENTRE EL SALVADOR Y HONDURAS, FIRMADO EN SENSENTI, EL 1º DE NOVIEMBRE DE 1845

Art. 1º Ambos Gobiernos se comprometen voluntariamente a poner en libertad a todos los presos que cada uno tenga por causas políticas, no complicados en delitos comunes, y a los prisioneros de guerra cualquiera que sea el Estado a que pertenezcan; pero uno y otro Gobierno, podrá por su propia seguridad, dar pasaportes para los otros Estados a los que conceptúen perjudiciales a su tranquilidad, informando favorablemente a los cuerpos legislativos en su próxima reunión, para que acuerden un olvido general de lo pasado.

Art. 2º Todos los Oficiales militares de Capitanes abajo, que hubiesen tomado servicio en cualquiera de los dos Estados, o asilándose en ellos, y los particulares que se hallen en el mismo caso, podrán volver al Estado a que pertenezcan presentándose a su Gobierno respectivo; los militares de Teniente Coroneles arriba, que hubiesen tomado servicio en cualquiera de los dos Estados, podrán volver cuando el Cuerpo Legislativo haya otorgado el olvido de que habla el artículo anterior; más sino lo hubiesen tomado, podrán hacerlo con salvoconducto del Gobierno respectivo, y ambos Gobiernos, respetando el derecho de propiedad, devolverán los bienes exigentes, e indemnizarán a los que se hayan enajenado de la pertenencia de estos individuos, y de los que habla el artículo citado; todo con arreglo a las leyes.

Art. 3º Los Generales señores Francisco Malespín y Nicolás Espinoza, no podrán volver al Estado del Salvador, hasta que su Gobierno estime conveniente darles salvoconducto; ofreciendo el de Honduras que mientras existan en su territorio, estarán concentrados, y sin permitirles penetrar en los Departamentos limítrofes del mismo Estado con el del Salvador, ni levantar armas contra éste, y que observarán una vida pacífica, y el del Salvador dejarán en entera libertad a sus familias, para que vivan en donde quieran, dentro o fuera del Estado, devolviéndoles los bienes existentes que les hayan tomado, o indemnizándoles los que se hubiesen vendido, como se ha dicho en el artículo anterior.

Art. 4° Como por consecuencia de la guerra, podrá quedar por algún tiempo una antipatía perniciosa entre los pueblos fronterizos, ambos Gobiernos se comprometen a que las autoridades locales respectivas, tengan el mayor celo y vigilancia en evitar los choques y disensiones que puedan suscitarse entre individuos de uno y otro Estado; haciendo se castiguen con arreglo a la ley, a los jueces omisos, y a los particulares que cometan tales excesos. Y los individuos de dichos pueblos de uno y otro Estado, podrán reclamar ante la autoridad correspondiente, la devolución de los bienes existentes, que acrediten pertenecerles.

Art. 5° Manifestándose por parte del Gobierno de Honduras, que en la traslación del armamento que se vio precisado a hacer de la capital a otro punto, con motivo de la invasión del 2 de junio último, había perdido muchas armas, el Gobierno del Salvador por vía de indemnización, le deja las que le corresponden en el depósito de Nacaome, y los demás objetos comprendidos en el de su pertenencia, quedando a favor del Salvador setecientos fusiles, que del mismo depósito se obliga a entregarle al Gobierno de Honduras.

Art. 6° Quedando en los artículos anteriores concluidas todas las demandas que de uno a otro Gobierno se hacen, a excepción de pago que debe verificarse, a los súbditos de uno y otro, y a las cosas extranjeras de los intereses que les hubiesen tomado las fuerzas del Salvador en Honduras v las de éste en El Salvador, sobre cuyo punto no han podido convenirse, lo someten, considerándolo aislado y solo, a la decisión de árbitros que nombrará uno cada parte, debiendo ser vecino de los otros Estados de La Unión; y si los dos discordasen en su juicio nombrarán los mismos árbitros un tercero, ante quienes se presentarán las pruebas que les convengan para que el negocio sea resuelto en rigor de justicia, cuya resolución será definitiva, y deberá cumplirse por ambos Estados.

Art. 7º Los Gobiernos de los Estados del Salvador y Honduras, se ligan y confederan en perpetua amistad y alianza, reconociendo y respetando recíprocamente su independencia y soberanía, sin ingerirse de modo alguno, en su régimen interior.

Art. 8º El Gobierno de Honduras se compromete a mandar a la mayor brevedad posible un Comisionado que lo represente cerca de el del Salvador, para estrechar de esta manera su amistad dando explicaciones de lo que ocurra dudoso, y para proceder de acuerdo sobre la organización del Gobierno Nacional; permaneciendo dicho Comisionado hasta la instalación de aquel Gobierno; y de la misma manera se compromete al del Salvador a nombrar el suyo cerca de aquél, con el propio objeto.

Art. 9º Ni el Gobierno del Salvador, ni el de Honduras, podrán situar fuerzas que excedan de doscientos hombres en cada uno de los departamentos limítrofes, sin haberse confiado previamente el motivo que para ello tengan.

Art. 10º A los ocho días de ratificado este tratarlo por ambos Gobiernos, se licenciarán las fuerzas de los dos, poniéndose sobre el pie de paz; pero el de Honduras podrá conservar en Choluteca la necesaria para su seguridad, mientras exista la facción que altera su quietud.

Art. 11º El Gobierno del Salvador se obliga a desarmar a todo individuo que pise su territorio, y pertenezca a la facción de José María Valle, (a) Chelón; y se compromete, además, a prestar al Gobierno de Honduras su auxilio cuando lo necesite, para destruir dicha facción, obrando en su territorio, con cuya mira podrá el mismo Gobierno conservar en Choluteca la fuerza mencionada en el artículo anterior.

Art. 12º En caso de que, entre los Gobiernos de los dos Estados contratantes, ocurriese algún motivo de desavenencia, el ofendido reclamará por primera vez, segunda y tercera vez, al ofensor, la debida satisfacción, si con esto no cesare la causa, que la produce, se procederá para terminarla, al arbitramiento que se establece en el Art. 60 de este tratado, para que falle en calidad de arbitradores o árbitros juris, según convengan ambos Gobiernos; y el que no se someta a su decisión, y levante armas contra el otro, será, responsable por los daños y perjuicios que le causare; y se reputará injusta de su demanda.

Art. 13º El presente tratado se ratificará por los respectivos Gobiernos, dentro de diez días, contados desde la fecha.

NARRACIÓN PARCIAL DE UN BUEN HISTORIADOR

El 15 de agosto la división de vanguardia y una parte de la del centro ocupaba la Hacienda de El Obrajuelo. (Se refiere al ejército salvadoreño).

Guardiola, a la cabeza de 900 hondureños, atacó la hacienda y después de dos horas y media de fuego fue completamente derrotado.

Esta derrota debía producir una fatal impresión en el ánimo de los hondureños. Ferrera estaba ya desacreditado, Guardiola era en la guerra el hombre de energía, de valor y de prestigio.

Una derrota al frente de novecientos hombres de la tropa más escogida en Honduras, debía considerarse como un inmenso descalabro para la oligarquía reinante.

Guardiola procuró disminuir la mala impresión achicando los sucesos. Dijo en su parte que él envió al Obrajuelo a 200 hondureños los cuales se retiraron.

Guardiola en persona mandó la acción del Obrajuelo al frente de 900 combatientes.

Allí sucumbió todo su Estado Mayor. Allí el Mayor General quedó muerto. Allí la caballería hondureña tuvo que volver caras.

Allí quedaron trescientos fusiles y muchos prisioneros, que fueron tratados conforme a las leyes de la guerra, y no como el General Guardiola trataba a los vencidos.

Al Obrajuelo llegaron cuatro secciones de 200 hombres cada una y parte de otra.

Atacaron por todas direcciones durante dos horas y fueron rechazadas por todas partes. Por último, formaron en columna, acometieron el centro y fueron desbaratadas completamente, pudiendo escaparse Guardiola con 300 hombres que logró reunir.

Se reconocieron en el campo cuarenta y tantos hondureños muertos.

Después se encontraron muchos entre los espinales que circundaban la hacienda.

Guardiola desocupó la ciudad de San Miguel a la media noche, dejando en ella muchas de las huellas marcadas en la Unión.

Los papeles oficiales del Salvador presentaron los hechos tales como habían pasado.

LORENZO MONTÚFAR.

Reseña Histórica de Centro América. Tomo IV, página 700.

GLORIAS MILITARES DE EL SALVADOR

MEMORABLE VICTORIA DEL OBRAJUELO. 15 DE AGOSTO DE 1845

Ya no existía el vencedor de Gualcho, San Antonio, Espíritu Santo, y Perulapán. La gloria no tiene fronteras y circuía la memoria del Gran Caudillo, con nimbos de eterna luz por todos los ámbitos del continente.

El héroe de esta jornada es el General Nicolás Angulo, el compañero inseparable del General Morazán, el hombre prestigioso por su heroísmo y por sus virtudes, Ayax en la guerra, Cincinato en la paz; cuyos blasones arrancan de aquellos gloriosos triunfos de Gualcho. Espíritu Santo, Perulapán, Las Charcas, San Miguelito, Guatemala, coronado con los sacros laureles de aquella epopeya militar, que elevó nuestra bandera hasta la glorificación.

Después de la toma de la ciudad de León por el General Malespín, (Agosto de 1845), supo éste la libertadora revolución de 2 de febrero que estalló en San Salvador, y depuso su Gobierno. Encaminóse hacia San Salvador y estableció su cuartel General en San Miguel, enviando en seguida al cuartel General a Ramón Belloso con una selecta columna de 300 hombres, con vanguardia del numeroso ejército que había acaudillado en las trincheras de León, ahora muy disminuido por las numerosas deserciones que hubo al saberse su caída.

Belloso se adelantó hasta Quelepa, donde ya se hallaba el General Cabañas con 500 soldados del nuevo Gobierno del General

Joaquín E. Guzmán. El General Cabañas era el Jefe valiente, honrado y progresista, pero en la guerra fue casi siempre desafortunado; y se asegura que rayaba muy bajo en cuanto a aptitudes militares. Su excesiva confianza, que estaba al par de su valor, le hacía desidioso al extremo que, en Quelepa, no tomó ni las más elementales precauciones en presencia del enemigo, y éste proporcionó a Belloso una fácil victoria.

Es ésta la tercera vez que el General Ferrera traía la guerra más inicua. Pretendía con sus armas restablecer la autoridad de Malespín en el Salvador, desconocido éste, como estaba, por el clamoreo universal y espontáneo de los pueblos. El 7 de Febrero de 1845, Ferrera simulando no conocer el gran movimiento popular del 2, encabezado por el General Guzmán, envió al General Santos Guardiola a la cabeza de 400 hombres a ocupar San Miguel, preparándose asilo a Malespín que ya venía de Nicaragua con las tropas que a regañadientes le seguían.

El Gobierno del General Guzmán hizo dirigir al de Honduras notas, proclamas y documentos, que explicaban clara y sinceramente la nueva situación política de El Salvador; pero Ferrera contumaz y rencoroso contra todo elemento morazanista o al menos apoyado a los de su escuela, desatendió de la manera más
descortés las insinuaciones salvadoreñas, que no tenía más objeto
que evitar el derramamiento de sangre; y siguieron las desavenencias y arterías de Ferrera hasta los campos de El Obrajuelo, donde la justicia de Dios y el brazo de El Salvador le postró para siempre.

El 2 de febrero fue el verdadero derecho de insurrección de todo un país, puesto en vigor antes que constara en la ley escrita, grabando en nuestra historia nacional ese hecho providencial en que el Gobierno tomó las armas e hizo rodar la tiranía

El efecto que la revolución del 2 de febrero produjo en todo el Estado fue general y retumbante. El Vicepresidente General Guzmán, no se desanimó por la derrota de Cabañas en Quelepa, y como dice el ilustre historiador salvadoreño Dr. Antonio Cevallos; "Se vio entonces a las personas de todas las clases sociales, correr por todos lados a ocupar un puesto en los cuarteles, en patriótico sostén del Gobierno de Guzmán, apoyado en esos días por una popularidad inmensa".

El gran movimiento insurreccional que se produjo en todo el Estado, el 2 de febrero de 1845, rindiendo el cuartel principal de San Salvador, dotado de 800 hombres al mando de los jefes Ignacio y Calixto Malespín, puso el Gobierno en manos del Vicepresidente Gral. Joaquín Guzmán. El Héroe del Obrajuelo fue el General Nicolás Angulo, auxiliado oportunamente por la columna que en persona mandaba el General Guzmán, compuesta en su mayor parte por los salvadoreños que habían dado el grito de Libertad el 2 de febrero.

Cuadraban el pensamiento las ideas libres del General Angulo con la nueva organización política de El Salvador. Odiaba la servidumbre y la tiranía, como a la chusma de hombres que por interés y perversión adversaban la Federación, y patriota como el primero, volaba a defender aquella causa, poniendo en ella toda su fe, todas sus energías, todo el carácter de su alma unida a la placidez, integridad y caballerosidad del romano antiguo.

* * *

Era necesario armar y organizar aquel patriotismo que leal y voluntariamente se presentaba al General Guzmán, pues nuestra frontera oriental estaba ya amenazada por la invasión de Ferrera.

A la división del centro constante de 800 hombres, ya en marcha, se agregó una fuerza de 1.000 soldados más, que en la misma capital se presentaron, muchos ja armados. Con esas fuerzas marchó el Vicepresidente Guzmán hacia Cojutepeque y sólo en ese tránsito, como quien va a una romería, se le incorporaren voluntariamente unos 1.200 patriotas.

Para entrar en campaña se llamó al senador designado Dr. Fermín Palacios. El General Guzmán, lanzó un manifiesto a los pueblos, poniendo en evidencia las tendencias pacifistas del gobierno que sólo por la invasión hondureña y el deseo de que las tropas de Belloso no lucharan contra salvadoreños, el Gobierno emplearía todos los medios dignos y conciliatorios. El asunto era grave: Guardiola había ofrecido traernos una guerra a muerte, y, también consta en los documentos tomados al enemigo, después del Obrajuelo, que los consejeros de Malespín, habían ofrecido en compensación ceder a Honduras el antiguo rico departamento de San Miguel.

Razón tenía el patriotismo salvadoreño de levantarse como un solo hombre. Todos los hombres de bien y de poder rodearon a Guzmán.

Enterado muy bien de todo esto, el General Belloso solicita, según él mismo lo dijo más tarde al Gobierno, una entrevista con el Vicepresidente. Pero esto no se logró por la continua vigilancia y consejos de Marín a Belloso, y las pérfidas y sanguinarias sugestiones del General Nicolás Espinoza al mismo Malespín.

***

Que el General Ferrera recibiera a Malespín, con toda clase de consideraciones como Jefe de las fuerzas que operaron en Nicaragua, era muy natural; pero comprometerse a reponer en la Presidencia del Salvador al General Malespín, desconocido por los pueblos, exigir una importante cesión territorial era un atentado contra el derecho de gentes y un ultraje gravísimo a la soberanía el pueblo salvadoreño. Además, Ferrera creía el triunfo seguro, apoyado como estaba por Carrera, ni podía tampoco olvidar los serios reveses que sufrió en el Espíritu Santo y en Perulapán.

Los historiadores están contestes en afirmar que Ferrera no tenía más que vicios encubiertos por una apariencia de honradez.
A su paso encontró hombres superiores como Morazán, Rivas, Angulo, Benítez. Cabañas, que herían su reconocida hipocresía, y pasando por toda ley y consideración para El Salvador nos trajo varias guerras vandálicas, para salir desolado y vencido por nuestras armas.

De nada sirvieron las fanfarronadas de Ferrera y Guardiola para imponer al ejército de patriotas con el que se iban a encontrar. El único peligro que podía existir, en caso de un triunfo de Guardiola, jefe de las fuerzas invasoras hondureñas, era que el elemento malespinista, estaba escondido. La tolerancia del Gobierno fue tal que a nadie redujo a prisión, ni siquiera se vigiló ese elemento que a la sordina tramaba la reacción.

Allá, escondido en una modesta tienda de comercio, en Zacatecoluca, vivía el General Nicolás Angulo, uno de los jefes más prestigiosos de la falange morazánica, por su talento y experiencia militares. La naturaleza lo había dotado de una calma imperturbable, la energía y reflexión, llegando el caso; de un espíritu sagaz y viril y no vacilaba aún en los trances más borrascosos; sobrio, leal, desinteresado, valiente. Contra este terrible contendor, se afrontaba el General Santos Guardiola, violento, irreflexivo, intemperante, audaz hasta la temeridad.

El General Guzmán llamó inmediatamente a Angulo para el mando de la división del centro, que era la mejor dotada de las tres que componían el ejército.

Guardiola a la cabeza de 1.000 veteranos avanzaba hacia San Miguel para operar en combinación con Malespín. Entre las fuerzas hondureñas señalábanse 600 soldados escogidos que por su uniforme verde llamábanse "Los Pericos", con los cuales Guardiola había jurado que acabaría con los salvadoreños. Angulo, con órdenes del Vicepresidente, abandonó su cuartel general en San Vicente, incorporando a sus fuerzas un destacamento que operaba a las órdenes del Coronel Domingo Asturias, y tomó posiciones en el pueblo de Lolotique, vecino de la ciudad de Chinameca.

El 9 de agosto salió Guardiola de San Miguel con todas sus fuerzas con ánimo de atacar los reductos de Lolotique; pero viendo bien guardado el campo de los salvadoreños, decayó su valentía y retrocedió a San Miguel. Tan pronto Angulo se dio cuenta de que Guardiola no le atacaría, movióse hacia la hacienda del Obrajuelo, que en algo le recordaba aquella otra histórica hacienda del Espíritu Santo, donde él combatió al lado del General Morazán. Guardiola se clavó en San Miguel, y no osaba salir de sus trincheras. Cansado de esperar, el General Angulo destacó con una sección de Caballería al valiente, Capitán Estévez, quien por varias veces llegó hasta tirotear a los invasores en sus trincheras, hasta que al fin. montando en cólera el jefe hondureño, salió con todo su ejército a batir a los salvadoreños.

Reconocido el lugar del combate, el General Angulo, colocó su ala derecha en los corrales de piedra al occidente de la hacienda al mando del Coronel Asturias; su izquierda, en unas lomas bajas que distaban unas cien varas de la casa de la hacienda, al mando del Teniente Coronel Arellano y Capitán Fonseca, quedando él, en el centro con su Estado Mayor, los Capitanes Estévez, González y la reserva.

LA ACCIÓN

El sol del 15 de agosto fulguraba ya sobre los verdes campos del Obrajuelo, cuando apareció la masa del ejército hondureño desplegándose en el acto en grandes guerrillas que se lanzaron vigorosamente sobre los corrales defendidos por los salvadoreños. La caballería hondureña, en apretadas filas, se adelantó a paso de carga a través de los jiquilitales, y cayó sobre los corrales, pero recibida con un fuego intenso se desconcertó, volvió caras, perdiendo muchos dragones. Las fuerzas hondureñas cargaban a la vez con mucho denuedo: a la izquierda atacó una columna enemiga, mientras otra se esforzaba sobre nuestro centro, y otra se empeñaba sobre nuestra derecha. En estos momentos el fuego era general y aterrador, y así se mantuvo por más de tres horas, sin que lograsen forzar ninguno de nuestros atrincheramientos.

El General Guardiola presenciaba el combate desde una loma vecina, teniendo bajo su mando una reserva, y desde allí daba órdenes y activaba la refriega. Nuestra izquierda, la más vivamente atacada, comenzó a desconcertarse y se notaba menos intensidad en el fuego, lo que, observado por el General Angulo, despreciando la muerte que tronaba sobre su cabeza, se lanzó con dos compañías al mando de los Capitanes Estévez y González, arrollando la columna hondureña, y arrojándola fuera del radio de toda la línea de fuego.

El fragor del combate era tal, que no se oían ni tambores ni corneta, y las humaredas tan espesas, que era imposible percibir los cuerpos de ambos partidos que combatían. La situación de nuestra derecha al mando del Coronel Asturias estaba también en posición crítica, pues el enemigo formando un doble círculo de fuego la rodeaba ya, acercándose compacto para asaltar nuestros reductos. Aquella posición era la llave de la batalla. Angulo vuela con su reserva y dos compañías más, carga brillantemente sobre los flancos de la columna hondureña, la que no pudiendo resistir el choque, flaquea, retrocede precipitadamente y comienza a desbandarse en presencia misma de Guardiola, que, bajando rápidamente de la loma, legra, espada en mano, contener a los invencibles pericos, también pies en polvorosa. Haciendo grandes esfuerzos, pudo

134

Guardiola rehacer un tanto algún batallón, merced a aquella su presencia altanera y ceñudo rostro, y situarse en la Loma del Prieto, a breve distancia del Obrajuelo, donde empeñó nuevo ataque o al menos vigorosa resistencia a las columnas de Angulo, que, a paso de carga, rodeaba y tiroteaba a corta distancia al enemigo.

Mientras Angulo estaba empeñado en desalojar a Guardiola de la Loma y batirlo en campo raso, oyóse de repente un grito resonante de alegría en nuestras filas. Era el General Guzmán a la cabeza de 800 hombres, quien pernotaba en la hacienda de Umaña, y habiendo recibido aviso del General Angulo de que Guardiola le atacaría al amanecer del 15, púsose en el instante en marcha, llegando cuando el ataque a la Loma tomaba incremento. Las columnas de Guzmán subieron a toda prisa la pendiente, abordándola a la bayoneta, poniendo a Guardiola y sus Pericos en precipitada fuga hacia San Miguel, quedando completamente deshecho.

Guardiola, el flamante jefe de aquel ejército de 1.000 soldados, el que había combatido con brillo en el sitio de León, en 1814, al que Jáuregui llamaba el Turena[2] Hondureño, hubo de rendir vasallaje al valor y pericia de Angulo y al empuje incontratable de nuestras tropas, saliendo perdidoso el que confiaba en la infalibilidad de su relampagueante espada.

Se encontraron en el campo y entre las breñas 110 cadáveres y 150 heridos. Quedó primero todo el Estado Mayor, muerto el Mayor General; destrozada la caballería, 134 prisioneros, 300 fusiles, municiones, equipajes y la correspondencia.

Con esta gloriosa victoria recibió el golpe de gracia la oligarquía hondureña; el desprestigio más grande cubrió a Ferrera, viniendo a demostrarse que las inicuas maniobras de los separatistas eran la verdadera causa de las matanzas en Centro América.

A la Acción de El Obrajuelo siguióse un armisticio, firmado en Sumpul, en el que Honduras se comprometía a guardar la paz y el rcspeto al vecino. El tratado de paz se celebró en Comayagua, el 17 de agosto de 1815, por el encargado del Poder Ejecutivo, señor Coronado Chávez. En tal virtud, se concentraron en Honduras los restos desorganizados de Guardiola; y no obstante lo pactado, la

---

[2] **Turena: relacionado a trabajar, no hacer nada al Azar. Reflexivo y exigente.**

mala fe y artería de Guardiola, se hizo patente a poco. Reunió 400 soldados y a su cabeza atacó el puerto de la Unión, de donde se había retirado la fuerza del Capitán Estévez, después de dispersar a los fugitivos del Obrajuelo, y cayó repentinamente sobre la guardia de 40 hombres que custodiaba la aduana; extrajo de un buque al General Carballo, que se dirigía a su patria y le fusiló alevosamente.

Esto hacían los hombres dirigentes de Honduras en aquel entonces: asesinar infamemente, en medio de un armisticio, a un Prócer de la libertad de Sud América, que había combatido al lado del Libertador de Boyacá y Bombona, porque era admirador de Morazán. Era el salvajismo entronizado en el Poder.

¡Ferrera, el bien triste Ferrera, dio cuenta a la Asamblea Nacional del asesinato del General Carballo como una de las grandes Glorias de Guardiola!

O tempora... ! O mores!

D. J. GUZMÁN
(Socio Honorario del Círculo Militar).

"Revista del Círculo Militar". San Salvador, Junio de 1925. Año VI. TomoVIII. — N° 60.

OTRA NARRACION SALVADOREÑA

El 2 de Febrero de 1845, el Presidente Malespín, fue desconocido por el Gobierno del General Guzmán, apoyado por los principales ciudadanos de San Salvador y de nada sirvió a Malespín, haber dejado como Jefe de las armas a su hermano Calixto. La noticia de este desconocimiento es celebrada jubilosamente por los pueblos del Estado y muchos de ellos, mandan espontáneamente reclutas para sostener a Guzmán.

La vanguardia de Malespín había llegado ya a La Unión, al mando del General Belloso.

Guzmán organiza en San Salvador el ejército que debe oponerle. El General Cabañas, nombrado General en Jefe, salió al encuentro de Belloso, con el primer cuerpo organizado.

Desde el día del pronunciamiento contra Malespín, Guzmán llamó a Zacatecoluca al General Angulo, a quien dio el mando del segundo cuerpo del ejército en formación, y una vez completada su organización, le ordenó salir de San Salvador en dirección a San Miguel.

Llegado Angulo a Cojutepeque, supo que Belloso había derrotado en Quelepa al General Cabañas, quien había sido herido de gravedad en aquel combate. Angulo recogió en Cojutepeque los restos del ejército derrotado en Quelepa, y engrosada así su fuerza, siguió su marcha para San Miguel.

El Vicepresidente Guzmán, al saber la derrota de Cabañas, salió de San Salvador al encuentro de Belloso con las tropas de que pudo disponer. A su paso por Cojutepeque, nombró General en Jefe del Ejército al General Angulo.

Belloso llegó a las inmediaciones de San Vicente, y se situó en la cuesta de Montero; más, estando ya ocupada la ciudad por Guzmán, a quien no se atrevió a atacar, por la superioridad de sus fuerzas, retrocedió a reunirse con Malespín en San Miguel, de donde ambos jefes se retiraron a la aproximación del General Angulo, tomando la dirección de Honduras.

Angulo que procuraba, con buen éxito, la desmoralización de las fuerzas de Malespín, le persiguió hasta el Goascorán, río que Malespín pasó casi solo, internándose en territorio de Honduras.

Después de estos sucesos el Gobierno de Honduras, manifestó al del Salvador, que estaba dispuesto a entrar en arreglos de paz. El Vicepresidente Guzmán, acogió aquella iniciativa con buena voluntad y nombró al General Angulo y don Félix Quiroz, para representar al Salvador en la conferencia que debía reunirse en Chinameca.

El día señalado se presentaron los comisionados por Honduras y después de conferenciar seis días con los del Salvador, firmaron un tratado que debía someterse a la aprobación de ambos Gobiernos.

El Gobierno del Salvador aprobó el tratado; pero el de Honduras lo rechazó.

El Coronel Gerardo Barrios, que ejercía el mando político y militar en San Miguel y el General Trinidad Cabañas, influyeron para que el Gobierno del Salvador declarara la guerra al de Honduras, como consecuencia de la desaprobación del tratado, y aunque el Vicepresidente Guzmán, no era de esa opinión, Honduras fue invadida, yendo de General en Jefe del ejército el General Cabañas.

Solicitada por Guzmán la cooperación de Angulo para aquella expedición, éste se negó, porque en su opinión, la desaprobación del tratado no implicaba un casus belli, quedando aún el recurso de reformarlo.

Cabañas marchó rápidamente contra Comayagua, defendida por el General José Santos Guardiola y fue completamente derrotado por éste, perdiendo Cabañas en aquella acción, la mayor parte de su armamento y municiones, que quedaron en poder de Guardiola.

En represalia, el General Guardiola invadió el Salvador, y se posesionó de San Miguel, que trató como a país conquistado.

Al mismo tiempo otra división, del ejército hondureño, al mando del General Quijano, invadió el Salvador por el lado de Chalatenango.

El Vicepresidente Guzmán, en aquella emergencia, nombró a Angulo General en Jefe del Ejército.

Este Jefe formó tres cuerpos. Dio el mando del primero el Coronel Carballo, que marchó en dirección de San Miguel. El segundo al Coronel Domingo Asturias, que se dirigió a San Vicente, para engrosar con las tropas que se estaban organizando allí. El mando del tercer cuerpo le dio al General Indalecio Cordero, destinado a Chalatenango contra Quijano.

Angulo reunió en Chinameca los cuerpos de Carballo y Asturias, y de allí pasó a Lolotique, punto militar ventajoso, donde esperaba ser atacado por Guardiola.

Pero viendo que éste no se movía, se acercó a San Miguel, tomando posiciones en la Hacienda de El Obrajuelo, donde se dudaba que sería atacado por el ejército hondureño.

En esta Hacienda recibió un mensaje de Guardiola, diciendo que tenía orden de su Gobierno de regresar a Honduras con sus tropas, que lo haría el día siguiente, y habían llegado ya comisionados de Honduras, para tratar la paz con el Gobierno del Salvador.

Angulo vio en aquél extraño mensaje una estrategia del astuto jefe hondureño, creyendo ser atacado sin demora en vez de entrar en confianza, redobla su vigilancia tomando las precauciones, del caso, tanto más que las condiciones de Honduras, para otorgar la paz al Salvador, al que creía anonadado, eran inadmisibles. Pretendía nada menos que una rectificación de fronteras entre los dos Estados, quedando el Lempa, como línea divisoria y agregado a Honduras el Departamento de San Miguel, que entonces comprendía los de Usulután, La Unión y Morazán, ofreciendo dar en cambio al Salvador, cien mil pesos, que se tomarían de los productos de la Aduana de la Unión.

Como Guardiola no se movía, el General Angulo ordenó para provocarlo, que el Capitán Manuel Estévez, (después General) entrara a San Miguel con un piquete de caballería, evitando las avanzadas, recorriera las calles inmediatas a los cuarteles de Guardiola, disparando y dando vivas y mueras, debiendo retirarse al Obrajuelo, por un camino trazado de antemano.

Estévez cumplió satisfactoriamente su cometido. Guardiola se alarmó, mandó poner sus tropas sobre las armas, pero no se movió de San Miguel. El también comprendiendo la importancia de la acción que iba a librarse se había propuesto esperar detrás de sus trincheras, el ataque de los salvadoreños.

Al siguiente día, Angulo mandó otra vez al mismo Capitán Estévez, con su piquete de caballería, aumentando con algunos jinetes que pidieron ser agregados a aquella peligrosa expedición, y llevaron un clarín de caballería, recorrieron las calles, como el día anterior, haciendo disparos, dando gritos de vivas y mueras al son del clarín que tocaba ataque.

Esta vez, la paciencia de Guardiola se acabó. Mandó perseguir el piquete de caballería, que se retiró haciendo fuego, y el mismo marchó incontinenti sobre El Obrajuelo, con todo su ejército, era el 15 de agosto de 1845.

A la vanguardia marchaba el batallón de Los Pericos, tropa de gran reputación y de toda la confianza de Guardiola.

El choque fue tremendo. Los hondureños, ufanos de sus anteriores triunfos, atacaron vigorosamente, pero se estrellaron ante el valor de los salvadoreños y después de largas horas de reñido combate, fueron derrotados y huyeron en desorden hacia San Miguel dejando el campo cubierto de cadáveres.

Por estos mismos días el General Quijano, que había invadido el Salvador, por el lado de Chalatenango, derrotó las tropas salvadoreñas al mando del General Cordero, por lo cual, el General Angulo, se dirigió a marchas forzadas sobre Chalatenango.

Pero Quijano al saber el desastre de Guardiola en El Obrajuelo, repasó la frontera y se internó en Honduras.

Por aquella gloriosa victoria que aseguraba al país la integridad de su territorio, el Gobierno dio especiales gracias al General Angulo, y el Cuerpo Legislativo le ascendió por aclamación a General de División.

Después de estos sucesos, el Gobierno de Honduras propuso la paz y el General Angulo, nombrado para negociarla se reunió con los comisionados hondureños, firmando un tratado, que aprobado por ambos Gobiernos, restableció la paz entre ellos.

MANUEL JIMÉNEZ.

Revista "Próceres" de San Salvador.
N° 4. 1912.

SERVICIO NOTICIOSO DE LA "OFICINA GUBERNATIVA DE PRENSA"

Ministro de Gobernación
República de El Salvador, C. A.

San Salvador, 11 de mayo de 1938.

Señor don G. A. Castañeda S.,
San Pedro Sula (Rep. de Honduras)

Muy estimado señor:

Contestamos su apreciable comunicación fechada el 6 de febrero del corriente año, en la cual Ud. se sirve solicitar, a esta oficina, informaciones documentales de la "Acción de El Obrajuelo", que ganó el General Angulo.

Hasta hoy nos permitimos referirnos a su solicitud, porque hemos estado especialmente interesados en obtener los documentos que solicita. Desgraciadamente no ha sido posible, a pesar de que nuestras gestiones se han extendido a diversas oficinas públicas.

Para su estimable conocimiento le transcribimos las siguientes comunicaciones, recibidas en esta Oficina del Departamento de

Historia y del Ministerio de Instrucción Pública, fechadas, respectivamente, el 15 de febrero próximo pasado y el 7 de mayo en curso, y que dice:

"Señor Rafael Coto Romero, Jefe de la Sección de Prensa, del Ministerio de Gobernación, PALACIO NACIONAL. Es en mi poder su atenta comunicación de fecha 12 del corriente, en que se transcribe una nota del Gobernador Político del Departamento de Cortés, República de Honduras, en que solicita de Ud., el envío de la conferencia del Dr. David J. Guzmán, dictada en el Círculo Militar en 1925, titulada "Glorias Militares de El Salvador", noticia topográfica y geográfica del sitio de El Obrajuelo, en el momento de la acción, las modificaciones que ha sufrido con el tiempo transcurrido, vistas del sitio, y de la hacienda de El Obrajuelo en el momento o cercano al mismo en que se libró la acción, para completar un estudio sobre los antecedentes de dicha acción. En contestación, tengo a bien comunicarle, que, en este Departamento de Historia, que está a mi cargo, no se encuentran los documentos solicitados por el señor Gobernador Político del departamento de Cortés, Honduras, lo que me priva de poder servir a Ud. en esta ocasión. Como una simple información, le insinúo muy atentamente la idea de que muy bien se puede encontrar la conferencia del Dr. Guzmán, en la colección de la REVISTA DEL CÍRCULO MILITAR citada. Con muestras de alta y distinguida consideración, aprovecho la oportunidad para suscribirme de Ud. como su muy atento y seguro servidor, (f) Miguel A. García, Director.

"Sr. Jefe del Servicio Noticioso de la *Oficina Gubernativa de Prensa*, Ministerio de Gobernación, Presente. El Sr. Jefe de la Sección de Provisión y de Alojamiento Escolar, en oficio, N° 82 de fecha 29 de abril último, me dice: "Señor Subsecretario. Contesto su apreciable oficio N° 999 de fecha 27 de este mes, transcripto del que la Oficina Gubernamental de Prensa, dependiente del Ministerio de Gobernación ha enviado al Sr. G. A. Castañeda S., residente en San Pedro Sula, Departamento de Cortés, República de Honduras, contraída a que se le suministren los documentos sobre los antecedentes de la acción de El Obrajuelo que ganó el General Angulo.

Al respecto tengo la pena de manifestar a Ud. que, en el Almacén Escolar a mi cargo, no está la conferencia del Dr. David

Guzmán, dictada en el Círculo Militar el año de 1925, titulada "Glorias Militares"; como tampoco ninguno otro documento topográfico y geográfico, del sitio de El Obrajuelo, en el momento de la acción, y las modificaciones que ha sufrido aquel lugar, con el tiempo: ni vistas del sitio, y de la hacienda que se refiera tal hecho de armas. Con todo aprecio y consideración, tengo el honor de suscribirme de Ud. atento y seguro servidor, (f) Jesús L. Palencia. Lo que transcribo a Ud. en respuesta a su apreciable comunicación fechada el 5 de abril anterior.

Soy de Ud. muy atento y seguro servidor (f) D. Rosales H. Deploramos no haber podido satisfacer sus apreciables deseos, pero esperamos servirle en otras oportunidades.

Nos es grato aprovechar esta ocasión para suscribirnos de usted atentos y seguros servidores.

Rafael Coto Ramírez,
Jefe de Oficina Gubernamental de Prensa.

Al lado de un sello que dice: Ministerio de Gobernación. Sección de Prensa. San Salvador'

Nota: Los datos que el autor pidió lo fueron en su carácter particular, y no oficial, como dice uno de los documentos que hemos copiado textualmente.

FIN DEL OBRAJUELO

ADVERTENCIA

Nuestro muy estimado consocio y amigo Profesor Gustavo A. Castañeda S. nos ha indicado que en la publicación de su muy importante estudio "El Combate de El Obrajuelo" se encuentran muchos errores tipográficos consistentes principalmente en cambios de puntuación hasta el extremo de cambiar por ello no pocas veces el sentido. Presentamos nuestras disculpas a los lectores y les pedimos dispensar esas erratas involuntarias ya que éstas se escaparon a los correctores de pruebas que han sido personas de reconocida preparación y competencia, pues el Director de la Revista del Archivo y Biblioteca Nacionales no creyó conveniente tomar parte en ese trabajo.